대한민국 법령 시리즈 73

해양사고의 조사 및 심판에 관한 법률

(약칭 : 해양사고심판법)

법령
시행령
시행규칙

해광출판사

머리말

이 책은 방대한 법전을 보지 않고 간편하게 해당되는 법령만 참고해서 볼 수 있도록 하였습니다. 공공기관이나 관련 종사자들이 쉽고 간편하게 해당 법령을 참조 할 수 있도록 하였습니다.

특히 해당법률은 물론 관련 시행령, 시행규칙을 함께 실어 관련법을 서로 참고할 수 있게 하였습니다.

법률이라는 것이 크든 작든 항상 변하는 관계로, 출간 이후의 정확하고 최신의 법률은 법제처 국가법령정보센터에서 확인이 가능하니 법률의 실제 적용 시 확인이 필요한 점 유의하기를 바랍니다.

편집부

* 수록 법률은 법제처 국가법령정보센터에서 확인 가능합니다.
* 발행일 기준 시행 법률이므로 최신 법령은 위 센터에서 볼 수 있습니다.
* 본 책자에 수록된 법률의 문구에 대하여 법적인 효력은 없으며,
  실제 적용 법률은 위 센터에서 최신의 법률로 확인하시기 바랍니다.
* 해당 법령과 함께 시행령, 시행규칙도 수록되어 있습니다.
* 발행일 기준으로 개정 예정 법률은 밑줄로 별도 표시되어 있으며,
  보다 정확한 것은 법제처에서 확인하기 바랍니다.

목차

해양사고의 조사 및 심판에 관한 법률 (약칭 : 해양사고심판법)

[시행 2024. 1. 26.] [법률 제19573호, 2023. 7. 25., 타법개정]

**개정 예정 법률 밑줄 별도 표시.

해양사고의 조사 및 심판에 관한 법률
(약칭 : 해양사고심판법)

[시행 2024. 1. 26.] [법률 제19573호, 2023. 7. 25., 타법개정]

제1장 총칙 〈개정 2009. 12. 29.〉

제1조(목적) 이 법은 해양사고에 대한 조사 및 심판을 통하여 해양사고의 원인을 밝힘으로써 해양안전의 확보에 이바지함을 목적으로 한다.

[전문개정 2009. 12. 29.]

제2조(정의) 이 법에서 사용하는 용어의 뜻은 다음과 같다. 〈개정 2011. 6. 15., 2013. 3. 23.〉

1. “해양사고”란 해양 및 내수면(內水面)에서 발생한 다음 각 목의 어느 하나에 해당하는 사고를 말한다.

가. 선박의 구조·설비 또는 운용과 관련하여 사람이 사망 또는 실종되거나 부상을 입은 사고

나. 선박의 운용과 관련하여 선박이나 육상시설·해상시설이 손상된 사고

다. 선박이 멸실·유기되거나 행방불명된 사고

라. 선박이 충돌·좌초·전복·침몰되거나 선박을 조종할 수 없게 된 사고

마. 선박의 운용과 관련하여 해양오염 피해가 발생한 사고

1의2. "준해양사고"란 선박의 구조·설비 또는 운용과 관련하여 시정 또는 개선되지 아니하면 선박과 사람의 안전 및 해양환경 등에 위해를 끼칠 수 있는 사태로서 해양수산부령으로 정하는 사고를 말한다.

2. "선박"이란 수상 또는 수중을 항행하거나 항행할 수 있는 구조물로서 대통령령으로 정하는 것을 말한다.

3. "해양사고관련자"란 해양사고의 원인과 관련된 자로서 제39조에 따라 지정된 자를 말한다.

3의2. "이해관계인"이란 해양사고의 원인과 직접 관계가 없는 자로서 해양사고의 심판 또는 재결로 인하여 경제적으로 직접적인 영향을 받는 자를 말한다.

4. "원격영상심판(遠隔映像審判)"이란 해양사고관련자가 해양수산부령으로 정하는 동영상 및 음성을 동시에 송수신하는 장치가 갖추어진 관할 해양안전심판원 외의 원격지 심판정(審判廷) 또는 이와 같은 장치가 갖추어진 시설로서 관할 해양안전심판원이 지정하는 시설에 출석하여 진행하는 심판을 말한다.

[전문개정 2009. 12. 29.]

제3조(심판원의 설치) 해양사고사건을 심판하기 위하여 해양수산부장관 소속으로 해양안전심판원(이하 "심판원"이라 한다)을 둔다. 〈개정 2013. 3. 23.〉

[전문개정 2009. 12. 29.]

제4조(해양사고의 원인규명 등) ① 심판원이 심판을 할 때에는 다음 사항에 관하여 해양사고의 원인을 밝혀야 한다.

1. 사람의 고의 또는 과실로 인하여 발생한 것인지 여부

2. 선박승무원의 인원, 자격, 기능, 근로조건 또는 복무에 관한 사유로 발생한 것인지 여부

3. 선박의 선체 또는 기관의 구조·재질·공작이나 선박의 의장(艤裝) 또는 성능에 관한 사유로 발생한 것인지 여부

4. 수로도지(水路圖誌)·항로표지·선박통신·기상통보 또는 구난시설 등의 항해보조시설에 관한 사유로 발생한 것인지 여부

5. 항만이나 수로의 상황에 관한 사유로 발생한 것인지 여부

6. 화물의 특성이나 적재에 관한 사유로 발생한 것인지 여부

② 심판원은 제1항에 따른 해양사고의 원인을 밝힐 때 해양사고의 발생에 2명 이상이 관련되어 있는 경우에는 각 관련자에 대하여 원인의 제공 정도를 밝힐 수 있다.

③ 심판원은 제1항 각 호에 해당하는 해양사고의 원인규명을 위하여 필요하다고 인정하면 해양수산부령으로 정하는 전문연구기관에 자문할 수 있다. 〈개정 2013. 3. 23.〉

[전문개정 2009. 12. 29.]

제5조(재결) ① 심판원은 해양사고의 원인을 밝히고 재결(裁決)로써 그 결과를 명백하게 하여야 한다.

② 심판원은 해양사고가 해기사나 도선사의 직무상 고의 또는 과실로 발생한 것으로 인정할 때에는 재결로써 해당자를 징계하여야

한다.

③ 심판원은 필요하면 제2항에 규정된 사람 외에 해양사고관련자에게 시정 또는 개선을 권고하거나 명하는 재결을 할 수 있다. 다만, 행정기관에 대하여는 시정 또는 개선을 명하는 재결을 할 수 없다. 〈개정 2011. 6. 15.〉

[전문개정 2009. 12. 29.]

제5조의2(시정 등의 요청) 심판원은 심판의 결과 해양사고를 방지하기 위하여 시정하거나 개선할 사항이 있다고 인정할 때에는 해양사고관련자가 아닌 행정기관이나 단체에 대하여 해양사고를 방지하기 위한 시정 또는 개선조치를 요청할 수 있다.

[전문개정 2009. 12. 29.]

제6조(징계의 종류와 감면) ① 제5조제2항의 징계는 다음 세 가지로 하고, 행위의 경중(輕重)에 따라서 심판원이 징계의 종류를 정한다.

1. 면허의 취소
2. 업무정지
3. 견책(譴責)

② 제1항제2호의 업무정지 기간은 1개월 이상 1년 이하로 한다.

③ 심판원은 제5조제2항에 따른 징계를 할 때 해양사고의 성질이나 상황 또는 그 사람의 경력과 그 밖의 정상(情狀)을 고려하여 이를 감면할 수 있다.

[전문개정 2009. 12. 29.]

제6조의2(징계의 집행유예) ① 심판원은 제6조제1항제2호에 따른 업무정지 중 그 기간이 1개월 이상 3개월 이하의 징계를 재결하는

경우에 선박운항에 관한 직무교육(이하 "직무교육"이라 한다)이 필요하다고 인정할 때에는 그 징계재결과 함께 3개월 이상 9개월 이하의 기간 동안 징계의 집행유예(이하 "집행유예"라 한다)를 재결할 수 있다. 이 경우 해당 징계재결을 받은 사람의 명시한 의사에 반하여서는 아니 된다.

② 제1항에 따른 집행유예의 기준 등에 필요한 사항은 심판원이 정한다.

[본조신설 2011. 6. 15.]

제6조의3(직무교육의 이수명령) ① 심판원은 제6조의2에 따라 징계의 집행을 유예하는 때에는 그 유예기간 내에 직무교육을 이수하도록 명하여야 한다.

② 제1항에 따라 직무교육을 이수하도록 명령을 받은 사람은 심판원 또는 대통령령으로 정하는 위탁 교육기관에서 직무교육을 받아야 한다.

③ 제2항에 따라 교육을 실시하는 심판원 또는 위탁 교육기관은 교육생으로부터 소정의 수강료를 받을 수 있다.

④ 제1항부터 제3항까지에서 규정한 사항 외에 직무교육의 기간, 내용 등 직무교육 이수에 관하여 필요한 사항은 심판원이 정한다.

[본조신설 2011. 6. 15.]

제6조의4(집행유예의 실효) 제6조의2에 따라 징계의 집행유예 재결을 받은 사람이 다음 각 호의 어느 하나에 해당하는 경우에는 그 집행유예의 재결은 효력을 잃는다.

1. 집행유예기간 내에 직무교육을 이수하지 아니한 경우

2. 집행유예기간 중에 업무정지 이상의 징계재결을 받아 그 재결이 확정된 경우

[본조신설 2011. 6. 15.]

제6조의5(집행유예의 효과) 제6조의2에 따라 징계의 집행유예 재결을 받은 후 그 집행유예의 재결이 실효됨이 없이 집행유예기간이 지난 때에는 징계를 집행한 것으로 본다.

[본조신설 2011. 6. 15.]

제7조(일사부재리) 심판원은 본안(本案)에 대한 확정재결이 있는 사건에 대하여는 거듭 심판할 수 없다.

[전문개정 2009. 12. 29.]

제7조의2(공소 제기 전 심판원의 의견청취) 검사는 해양사고가 발생하여 해양사고관련자에 대하여 공소를 제기하는 경우에는 관할 지방해양안전심판원의 의견을 들을 수 있다.

[전문개정 2009. 12. 29.]

제7조의3(심판정에서의 용어) ① 심판정에서는 국어를 사용한다.

② 국어가 통하지 아니하는 사람의 진술은 통역인으로 하여금 통역하게 하여야 한다.

[전문개정 2009. 12. 29.]

제2장 심판원의 조직 〈개정 2009. 12. 29.〉

제8조(심판원의 조직) ① 심판원은 중앙해양안전심판원(이하 “중앙심판원”이라 한다)과 지방해양안전심판원(이하 “지방심판원”이라 한다)의 2종으로 한다.

② 각급 심판원에 원장 1명과 대통령령으로 정하는 수의 심판관을 둔다.

③ 중앙심판원의 조직과 지방심판원의 명칭·조직 및 관할구역은 대통령령으로 정한다.

[전문개정 2009. 12. 29.]

제9조(중앙심판원장 및 지방심판원장) ① 중앙심판원에 중앙해양안전심판원장(이하 "중앙심판원장"이라 한다)을, 지방심판원에 지방해양안전심판원장(이하 "지방심판원장"이라 한다)을 둔다.

② 중앙심판원장 및 지방심판원장은 제9조의2제2항 각 호의 어느 하나에 해당하는 자격이 있는 사람 중에서 해양수산부장관의 제청에 따라 대통령이 임명한다. 〈개정 2013. 3. 23., 2023. 9. 14.〉

③ 삭제 〈2023. 9. 14.〉

[전문개정 2009. 12. 29.]

제9조의2(심판관의 임명 및 자격) ① 중앙심판원의 심판관은 해양수산부장관의 제청에 따라 대통령이 임명하고, 지방심판원의 심판관은 중앙심판원장의 추천을 받아 해양수산부장관이 임명한다. 〈개정 2013. 3. 23.〉

② 중앙심판원의 심판관이 될 수 있는 사람은 다음 각 호의 어느 하나에 해당하는 사람이어야 한다.

1. 지방심판원의 심판관으로 4년 이상 근무한 사람

2. 2급 이상의 항해사·기관사 또는 운항사의 해기사면허(이하 "2급 이상의 해기사면허"라 한다)를 받은 사람으로서 4급 이상의 일반직 국가공무원으로 4년 이상 근무한 사람

3. 3급 이상의 일반직 국가공무원으로서 해양수산행정에 3년 이상 근무한 사람

4. 제1호부터 제3호까지의 경력 연수를 합산하여 4년 이상인 사람

③ 지방심판원의 심판관이 될 수 있는 사람은 다음 각 호의 어느 하나에 해당하는 사람이어야 한다. 〈개정 2023. 9. 14.〉

1. 1급 항해사, 1급 기관사 또는 1급 운항사의 해기사면허를 받은 사람으로서 원양구역을 항행구역으로 하는 선박의 선장 또는 기관장으로 3년 이상 승선한 사람

2. 2급 이상의 해기사면허를 받은 사람으로서 5급 이상의 일반직 국가공무원으로 2년 이상 근무한 사람

3. 2급 이상의 해기사면허를 받은 후 대학 등 대통령령으로 정하는 교육기관의 조교수 이상 또는 이에 상당하는 직에서 선박의 운항 또는 선박용 기관의 운전에 관한 과목을 3년 이상 가르친 사람

4. 제1호부터 제3호까지의 경력 연수를 합산하여 3년 이상인 사람

5. 변호사 자격이 있는 사람으로서 3년 이상의 실무경력이 있는 사람

[전문개정 2009. 12. 29.]

제10조(결격사유) 「국가공무원법」 제33조 각 호의 어느 하나에 해당하는 사람은 심판원장이나 심판관이 될 수 없다.

[전문개정 2009. 12. 29.]

제11조(심판원장 및 심판관의 직무) ① 중앙심판원장의 직무는 다음과 같다. 〈개정 2020. 2. 18.〉

1. 중앙심판원의 일반사무를 관장하며, 소속 직원을 지휘·감독한다.

2. 중앙심판원의 심판부를 구성하고 심판관 중에서 심판장을 지명한다. 다만, 특히 중요한 사건에 대하여는 스스로 심판장이 될 수 있다.

3. 지방심판원의 일반사무를 지휘·감독한다.

4. 각급 심판원의 심판관에 결원이 생기거나 그 밖의 부득이한 사유가 있을 때에는 중앙심판원의 심판관은 지방심판원장으로, 지방심판원의 심판관은 다른 지방심판원의 심판관으로 하여금 심판관의 직무를 하게 할 수 있다.

② 지방심판원장의 직무는 다음과 같다.

1. 해당 지방심판원의 일반사무를 관장하며, 소속 직원을 지휘·감독한다.

2. 해당 지방심판원의 심판부를 구성하고 심판장이 된다.

③ 심판관은 심판직무에 종사한다.

④ 심판원장이 부득이한 사유로 직무를 수행할 수 없을 때에는 그 심판원의 심판관 중 선임자가 그 직무를 대행한다. 다만, 심판업무 외의 업무는 제16조제1항에 따른 수석조사관이 그 직무를 대행한다.

[전문개정 2009. 12. 29.]

제12조(심판직무의 독립) 심판장과 심판관은 독립하여 심판직무를 수행한다.

[전문개정 2009. 12. 29.]

제13조(심판관의 신분 및 임기) ① 심판원장과 심판관은 일반직공무원으로서 「국가공무원법」 제26조의5에 따른 임기제공무원으로 한

다. 〈개정 2014. 3. 24.〉

② 심판원장과 심판관의 임기는 3년으로 하며, 연임할 수 있다.

③ 심판원장과 심판관은 형의 선고, 징계처분 또는 법에 의하지 아니하고는 그 의사에 반하여 면직·감봉이나 그 밖의 불리한 처분을 받지 아니한다.

④ 심판원장과 심판관의 임용요건, 임용절차, 근무상한연령 및 그 밖에 필요한 사항에 관하여 이 법에 특별한 규정이 없는 경우에는 「국가공무원법」에 따른다. 〈개정 2011. 6. 15., 2014. 3. 24., 2018. 12. 31.〉

[전문개정 2009. 12. 29.]

제13조의2(심판관의 전보) 해양수산부장관은 심판업무 수행상 부득이하다고 인정되는 경우에만 제13조제2항의 임기 중인 지방심판원장 또는 각급 심판원의 심판관을 다른 심판원의 해당 직급에 전보(轉補)할 수 있다. 〈개정 2013. 3. 23.〉

[전문개정 2009. 12. 29.]

제14조(비상임심판관) ① 각급 심판원에 비상임심판관을 두되, 비상임심판관은 그 직무에 필요한 학식과 경험이 있는 사람 중에서 각급 심판원장이 위촉한다. 이 경우 지방심판원장은 중앙심판원장의 승인을 받아야 한다. 〈개정 2018. 12. 31.〉

② 비상임심판관은 해양사고의 원인규명이 특히 곤란한 사건의 심판에 참여한다.

③ 심판에 참여하는 비상임심판관의 직무와 권한은 심판관과 같다.

④ 각급 심판원장은 비상임심판관이 다음 각 호의 어느 하나에 해

당하는 경우에는 비상임심판관을 해촉할 수 있다. 이 경우 지방심판원장은 중앙심판원장의 승인을 받아야 한다. 〈신설 2018. 12. 31.〉

1. 심신장애로 직무를 수행할 수 없게 된 경우

2. 비상임심판관 스스로 직무를 수행하는 것이 곤란하다고 의사를 밝히는 경우

3. 심판과 관련된 비위(非違)사실이 있는 경우

4. 직무태만, 품위손상이나 그 밖의 사유로 인하여 비상임심판관으로 적합하지 아니하다고 인정되는 경우

5. 「국가공무원법」 제33조 각 호의 어느 하나에 해당되는 경우

6. 제15조제2항 각 호의 어느 하나에 해당함에도 불구하고 같은 조 제4항에 따라 회피하지 아니한 경우

⑤ 각급 심판원에 두는 비상임심판관의 수와 자격 등에 관하여 필요한 사항은 대통령령으로 정한다. 〈개정 2018. 12. 31.〉

[전문개정 2009. 12. 29.]

제15조(심판관·비상임심판관의 제척·기피·회피) ① 심판관(심판장을 포함한다. 이하 이 조에서 같다)이나 비상임심판관은 다음 각 호의 어느 하나에 해당하는 경우에는 직무집행에서 제척된다.

1. 심판관·비상임심판관이 해양사고관련자의 친족이거나 친족이었던 경우

2. 심판관·비상임심판관이 해당 사건에 대하여 증언이나 감정을 한 경우

3. 심판관·비상임심판관이 해당 사건에 대하여 해양사고관련자의 심판변론인이나 대리인으로서 심판에 관여한 경우

4. 심판관·비상임심판관이 해당 사건에 대하여 조사관의 직무를 수행한 경우

5. 심판관·비상임심판관이 전심(前審)의 심판에 관여한 경우

6. 심판관·비상임심판관이 심판 대상이 된 선박의 소유자·관리인 또는 임차인인 경우

② 조사관, 해양사고관련자 및 심판변론인은 다음 각 호의 어느 하나에 해당하는 경우 심판관과 비상임심판관의 기피를 신청할 수 있다.

1. 심판관·비상임심판관이 제1항 각 호의 사유에 해당하는 경우

2. 심판관·비상임심판관이 불공평한 심판을 할 우려가 있는 경우

③ 심판정에서 해당 사건에 대하여 이미 진술을 한 사람은 제2항 제2호의 사유만을 이유로 하여 기피의 신청을 하지 못한다. 다만, 기피 사유가 있음을 알지 못하였을 때 또는 기피 사유가 그 후 발생하였을 때에는 그러하지 아니하다.

④ 심판관·비상임심판관은 제2항에 해당하는 사유가 있다고 인정할 때에는 직무집행에서 회피하여야 한다. 〈개정 2018. 12. 31.〉

⑤ 심판관·비상임심판관의 제척·기피·회피에 대한 결정은 그 심판관·비상임심판관의 소속 심판원 합의체심판부에서 한다. 다만, 특별심판부를 구성하는 경우에는 그 특별심판부가 구성된 지방심판원 합의체심판부에서 결정한다.

[전문개정 2009. 12. 29.]

제16조(조사관 등) ① 각급 심판원에 수석조사관, 조사관 및 조사사무를 보조하는 직원을 둔다.

② 제1항의 수석조사관, 조사관 및 조사사무를 보조하는 직원은 일반직 국가공무원으로 임명하되, 그 정원은 대통령령으로 정한다.

[전문개정 2009. 12. 29.]

제16조의2(조사관의 자격) ① 중앙심판원의 수석조사관(이하 "중앙수석조사관"이라 한다)이 될 수 있는 사람은 다음 각 호의 어느 하나에 해당하는 사람으로 한다.

1. 제9조의2제2항제1호 및 제2호에 해당하는 사람

2. 3급 이상의 일반직 국가공무원으로서 해양수산행정에 3년(해양안전 관련 업무에 1년 이상 근무한 경력을 포함한다) 이상 근무한 사람

3. 제1호 및 제2호의 경력 연수를 합산하여 4년 이상인 사람

② 중앙심판원의 조사관과 지방심판원의 수석조사관(이하 "지방수석조사관"이라 한다)이 될 수 있는 사람은 제9조의2제3항제1호부터 제4호까지의 규정에 해당하는 사람으로 한다. 다만, 지방심판원의 조사관의 자격에 관하여는 대통령령으로 정한다.

[전문개정 2009. 12. 29.]

제17조(조사관의 직무) 수석조사관과 조사관은 해양사고의 조사, 심판의 청구, 재결의 집행, 그 밖에 대통령령으로 정하는 사무를 담당한다.

[전문개정 2009. 12. 29.]

제18조(조사사무에 관한 지휘·감독) ① 조사관은 조사사무에 관하여 소속 상급자의 지휘·감독에 따른다.

② 조사관은 구체적 사건과 관련된 제1항의 지휘·감독의 적법성

또는 정당성 여부에 대하여 이견이 있는 경우에는 이의를 제기할 수 있다.

③ 중앙수석조사관은 조사사무의 최고 감독자로서 일반적으로 모든 조사관을 지휘·감독하고, 구체적인 사건에 대하여는 중앙심판원의 조사관과 지방수석조사관을 지휘·감독한다.

[전문개정 2011. 6. 15.]

제18조의2(조사관 직무의 위임·이전 및 승계) ① 중앙수석조사관 또는 지방수석조사관은 소속 조사관으로 하여금 그 권한에 속하는 직무의 일부를 처리하게 할 수 있다.

② 중앙수석조사관 또는 지방수석조사관은 소속 조사관의 직무를 자신이 처리하거나 다른 조사관으로 하여금 처리하게 할 수 있다.

[전문개정 2011. 6. 15.]

제18조의3(특별조사부의 구성) ① 중앙수석조사관은 다음 각 호의 어느 하나에 해당하는 해양사고로서 심판청구를 위한 조사와는 별도로 해양사고를 방지하기 위하여 특별한 조사가 필요하다고 인정하는 경우에는 특별조사부를 구성할 수 있다.

1. 사람이 사망한 해양사고

2. 선박 또는 그 밖의 시설이 본래의 기능을 상실하는 등 피해가 매우 큰 해양사고

3. 기름 등의 유출로 심각한 해양오염을 일으킨 해양사고

4. 제1호부터 제3호까지에서 규정한 해양사고 외에 해양사고 조사에 국제협력이 필요한 해양사고 및 준해양사고

② 제1항에 따른 특별조사부(이하 “특별조사부”라 한다)는 다음

각 호의 어느 하나에 해당하는 사람 10명 이내로 구성하되, 특별조사부의 장은 조사관 중에서 중앙수석조사관이 지명하는 사람으로 한다. 다만, 특히 중요한 사건에 대하여는 중앙수석조사관이 스스로 특별조사부의 장이 될 수 있다.

1. 조사관(수석조사관을 포함한다. 이하 같다)
2. 해양사고와 관련된 관계 기관의 공무원
3. 해양사고 관련 전문가

③ 특별조사부의 장은 조사가 끝난 후 10일 이내에 조사보고서를 작성하여 해양수산부장관 및 중앙수석조사관에게 제출하고, 이를 제출받은 중앙수석조사관은 그 보고서를 관계 행정기관의 장 및 국제해사기구에 송부(해양사고의 조사 및 심판과 관련하여 국제적으로 발효된 국제협약에 따른 보고대상 해양사고만 해당한다)하여야 한다. 〈개정 2013. 3. 23.〉

④ 중앙수석조사관은 제3항에 따른 조사보고서를 공표하여야 한다. 다만, 국가의 안전보장이 침해될 우려가 있는 경우에는 그러하지 아니하다.

⑤ 중앙수석조사관은 특별조사부의 해양사고 조사가 종료된 후에 그 해양사고 조사 결과를 변경시킬 수 있을 정도의 중요한 증거가 발견된 경우에는 해당 해양사고를 다시 조사할 수 있다.

⑥ 특별조사부의 해양사고 조사는 민형사상 책임과 관련된 사법절차, 심판청구를 위한 조사 절차 및 행정처분절차 또는 행정쟁송절차와 분리하여 독립적으로 수행되어야 하며, 특별조사부의 조사관에 대하여는 제18조 및 제18조의2를 적용하지 아니한다.

⑦ 특별조사부의 해양사고 조사과정에서 얻은 정보는 공개한다. 다만, 해당 해양사고 조사나 장래의 해양사고 조사에 부정적 영향을 줄 수 있거나, 국가의 안전보장 또는 개인의 사생활이 침해될 우려가 있는 정보로서 대통령령으로 정하는 정보는 공개하지 아니할 수 있다.

⑧ 해양사고의 조사절차, 조사보고서의 작성방법 등 특별조사부의 운영에 필요한 사항은 해양수산부령으로 정한다. 〈개정 2013. 3. 23.〉

[전문개정 2011. 6. 15.]

제19조(조사관 일반사무의 지휘 · 감독) 심판원장은 조사관의 일반사무를 지휘 · 감독한다. 이 경우 조사관의 고유사무에 관여하거나 영향을 주어서는 아니 된다.

[전문개정 2009. 12. 29.]

제20조 삭제 〈1999. 2. 5.〉

제20조의2(심판관 및 조사관 등의 연수교육) 중앙심판원장은 심판관, 조사관 및 그 밖의 직원의 자질 향상을 위하여 필요하다고 인정하면 해양수산부령으로 정하는 바에 따라 연수교육을 할 수 있다. 〈개정 2013. 3. 23.〉

[전문개정 2009. 12. 29.]

제21조(심급) 지방심판원은 제1심 심판을 하고, 중앙심판원은 제2심 심판을 한다.

[전문개정 2009. 12. 29.]

제22조(심판부의 구성 및 의결) ① 지방심판원은 심판관 3명으로 구성하는 합의체에서 심판을 한다. 다만, 대통령령으로 정하는 경미한 사건 및 제38조의2에 따른 약식심판 사건에 관하여는 1명의 심판관

이 심판을 한다. 〈개정 2011. 6. 15.〉

② 중앙심판원은 심판관 5명 이상으로 구성하는 합의체에서 심판을 한다.

③ 각급 심판원은 제14조제2항에 규정된 사건에는 제1항과 제2항에도 불구하고 원장이 지명하는 비상임심판관 2명을 참여시켜야 한다.

④ 합의체심판부는 합의체를 구성하는 심판관(심판장과 비상임심판관을 포함한다)의 과반수의 찬성으로 의결한다.

[전문개정 2009. 12. 29.]

제22조의2(특별심판부의 구성) ① 중앙심판원장은 다음 각 호의 어느 하나에 해당하는 해양사고 중 그 원인규명에 고도의 전문성이 필요하다고 인정할 때에는 그 사건을 관할하는 지방심판원에 특별심판부를 구성할 수 있다.

1. 10명 이상이 사망하거나 부상당한 해양사고
2. 선박이나 그 밖의 시설의 피해가 현저히 큰 해양사고
3. 기름 등의 유출로 심각한 해양오염을 일으킨 해양사고

② 제1항에 따른 특별심판부는 해당 해양사고의 원인규명에 전문지식을 가진 심판관 2명과 그 사건을 관할하는 지방심판원장으로 구성하되, 지방심판원장이 심판장이 된다.

[전문개정 2009. 12. 29.]

제23조(심판부의 직원) ① 심판부에 서기, 심판정 경위(警衛) 및 심판 보조직원을 둔다.

② 서기는 심판에 참석하며 심판장과 심판관의 명을 받아 서류의

작성·보관 또는 송달에 관한 사무를 담당한다.

③ 심판정 경위는 심판장의 명을 받아 심판정의 질서유지를 담당한다.

④ 심판 보조직원은 심판장과 심판관의 명을 받아 증거조사 및 서기업무를 제외한 심판 보조업무를 담당한다.

⑤ 서기, 심판정 경위 및 심판 보조직원은 심판원장이 그 소속 직원 중에서 지명하거나 임명한다.

[전문개정 2009. 12. 29.]

제2장의2 심판원의 관할 〈개정 2009. 12. 29.〉

제24조(관할) ① 심판에 부칠 사건의 관할권은 해양사고가 발생한 지점을 관할하는 지방심판원에 속한다. 다만, 해양사고 발생 지점이 분명하지 아니하면 그 해양사고와 관련된 선박의 선적항을 관할하는 심판원에 속한다.

② 하나의 사건이 2곳 이상의 지방심판원에 계속(係屬)되었을 때에는 최초의 심판청구를 받은 지방심판원에서 심판한다.

③ 하나의 선박에 관한 2개 이상의 사건이 2곳 이상의 지방심판원에 계속되었을 때에는 최초의 심판청구를 받은 지방심판원이 심판한다. 〈개정 2018. 12. 31.〉

④ 하나의 선박에 관한 2개 이상의 사건을 심판하는 지방심판원은 필요하다고 인정하는 때에는 직권으로 또는 조사관, 해양사고관련자나 심판변론인의 신청에 따라 결정으로 그 심판을 분리하거나 병합할 수 있다. 〈개정 2018. 12. 31.〉

⑤ 국외에서 발생한 사건의 관할에 대하여는 대통령령으로 정한다.

[전문개정 2009. 12. 29.]

第25조(사건 이송) ① 지방심판원은 사건이 그 관할이 아니라고 인정할 때에는 결정으로써 이를 관할 지방심판원에 이송하여야 한다.

② 제1항에 따라 이송을 받은 지방심판원은 다시 사건을 다른 지방심판원에 이송할 수 없다.

③ 제1항에 따라 이송된 사건은 처음부터 이송을 받은 지방심판원에 계속된 것으로 본다.

[전문개정 2009. 12. 29.]

第26조(관할 이전의 신청) ① 조사관이나 해양사고관련자는 해당 해양사고의 해양사고관련자가 관할 지방심판원에 출석하는 것이 불편하다고 인정되는 경우에는 대통령령으로 정하는 바에 따라 중앙심판원에 관할의 이전을 신청할 수 있다. 이 경우 신청인은 관할 지방심판원에 신청서를 제출할 수 있으며, 이를 제출받은 관할 지방심판원은 지체 없이 중앙심판원에 보내야 한다.

② 중앙심판원은 제1항의 신청이 있는 경우로서 심판상 편의가 있다고 인정할 때에는 결정으로 관할을 이전할 수 있다.

[전문개정 2009. 12. 29.]

제3장 심판변론인 〈개정 2009. 12. 29.〉

第27조(심판변론인의 선임) ① 해양사고관련자나 이해관계인은 심판변론인을 선임할 수 있다.

② 해양사고관련자의 법정대리인 · 배우자 · 직계친족과 형제자매는

독립하여 심판변론인을 선임할 수 있다.

③ 심판변론인은 중앙심판원에 심판변론인으로 등록한 사람 중에서 선임하여야 한다. 다만, 각급 심판원장의 허가를 받은 경우에는 그러하지 아니하다.

④ 심판의 결과에 대하여 같은 이해관계를 가지는 해양사고관련자 또는 이해관계인이 선임한 심판변론인이 2명 이상이면 대표심판변론인 1명을 선임하여야 한다.

[전문개정 2009. 12. 29.]

제28조(심판변론인의 자격과 등록) ① 심판변론인이 될 수 있는 사람은 다음 각 호의 어느 하나에 해당하는 사람으로 한다. 〈개정 2013. 3. 23.〉

1. 제9조의2제3항제1호부터 제4호까지의 규정에 해당하는 사람

2. 심판관 및 조사관으로 근무한 경력이 있는 사람

3. 1급 항해사, 1급 기관사 또는 1급 운항사 면허를 받은 사람으로서 5년 이상 해사 관련 법률자문업무에 종사하였거나 해양수산부령으로 정하는 해사 관련 분야의 법학박사 학위를 취득한 사람

4. 변호사 자격이 있는 사람

② 심판변론인의 업무에 종사하려는 사람은 대통령령으로 정하는 바에 따라 중앙심판원장에게 등록하여야 한다. 〈개정 2018. 12. 31.〉

[전문개정 2009. 12. 29.]

제28조의2(심판변론인의 결격사유) 다음 각 호의 어느 하나에 해당하는 사람은 심판변론인이 될 수 없다. 〈개정 2018. 12. 31.〉

1. 「국가공무원법」 제33조 각 호의 어느 하나에 해당하는 사람

2. 제29조의2에 따라 등록이 취소(「국가공무원법」 제33조제1호 또는 제2호에 해당하여 등록이 취소된 경우는 제외한다)된 날부터 3년이 지나지 아니한 사람

[전문개정 2009. 12. 29.]

제29조(심판변론인의 업무 등) ① 심판변론인은 다음 각 호의 업무를 수행한다.

1. 해양사고관련자나 이해관계인이 이 법에 따라 심판원에 대하여 하는 신청·청구·진술 등의 대리 또는 대행

2. 해양사고관련자 등에 대하여 하는 해양사고와 관련된 기술적 자문

② 심판변론인은 수임(受任)한 직무를 성실하게 수행하여야 한다.

③ 심판변론인 또는 심판변론인이었던 사람은 직무상 알게 된 비밀을 누설하여서는 아니 된다.

[전문개정 2009. 12. 29.]

제29조의2(심판변론인의 등록의 취소) 중앙심판원장은 심판변론인이 다음 각 호의 어느 하나에 해당하는 경우에는 대통령령으로 정하는 바에 따라 심판변론인의 등록을 취소하여야 한다.

1. 제28조제1항에 따른 자격이 없거나 그 자격을 상실하게 된 경우

2. 제28조의2 각 호의 어느 하나에 해당하게 된 경우

3. 제29조제2항 또는 제3항을 위반한 경우

4. 사망한 경우

[본조신설 2018. 12. 31.]

제30조(국선 심판변론인의 선정) ① 다음 각 호의 어느 하나에 해당

하는 경우로서 심판변론인이 없는 때에는 심판원은 예산의 범위에서 직권으로 제28조제2항에 따라 등록한 사람 중에서 심판변론인(이하 이 조에서 같다)을 선정하여야 한다.

1. 해양사고관련자가 미성년자인 경우
2. 해양사고관련자가 70세 이상인 경우
3. 해양사고관련자가 청각 또는 언어 장애인인 경우
4. 해양사고관련자가 심신장애의 의심이 있는 경우

② 심판원은 해양사고관련자가 빈곤 또는 그 밖의 사유로 심판변론인을 선임할 수 없는 경우로서 해양사고관련자의 청구가 있는 경우에는 예산의 범위에서 심판변론인을 선정할 수 있다.

③ 심판원은 해양사고관련자의 연령·지능 및 교육 정도 등을 고려하여 권리보호를 위하여 필요하다고 인정하는 경우에는 예산의 범위에서 심판변론인을 선정할 수 있다. 이 경우 해양사고관련자의 명시한 의사에 반하여서는 아니 된다.

④ 제1항부터 제3항까지의 규정에 따른 심판변론인의 선정 등 국선심판변론인의 운영에 필요한 사항은 해양수산부령으로 정한다. 〈개정 2013. 3. 23.〉

[본조신설 2011. 6. 15.]

제30조의2(심판변론인협회) ① 심판변론인은 해양수산부장관의 허가를 받아 심판변론인협회(이하 "협회"라 한다)를 설립할 수 있다. 〈개정 2013. 3. 23.〉

② 협회는 법인으로 한다.

[전문개정 2009. 12. 29.]

제30조의3(사업) 협회는 다음의 사업을 한다.

1. 해양사고관련자의 심판구조사업
2. 해양사고의 방지에 관한 사업
3. 심판변론인과 위임인 간의 분쟁조정
4. 그 밖에 심판과 관련된 것으로서 대통령령으로 정하는 사업

[전문개정 2009. 12. 29.]

제30조의4(설립절차 등) 협회의 설립절차, 정관의 기재 사항, 임원과 감독에 필요한 사항은 대통령령으로 정한다.

[전문개정 2009. 12. 29.]

제30조의5(「민법」의 준용) 협회에 관하여 이 법에 규정이 있는 것을 제외하고는 「민법」 중 사단법인에 관한 규정을 준용한다.

[전문개정 2009. 12. 29.]

제4장 심판 전의 절차 〈개정 2009. 12. 29.〉

제31조(해양수산관서 등의 의무) ① 해양수산관서, 경찰공무원, 특별시장·광역시장·특별자치시장·도지사·특별자치도지사 및 시장·군수·구청장은 해양사고가 발생한 사실을 알았을 때에는 지체 없이 그 사실을 자세히 기록하여 관할 지방심판원의 조사관에게 통보하여야 한다. 〈개정 2014. 3. 24., 2020. 12. 22.〉

② 조사관이 해양사고에 관한 증거 수집이나 조사를 하기 위하여 관계 기관에 협조를 요청하면 그 기관은 이에 따라야 한다.

[전문개정 2009. 12. 29.]

제31조의2(준해양사고의 통보) ① 선박소유자 또는 선박운항자는 해

양사고를 방지하기 위하여 선박(「어선법」 제2조제1호에 따른 어선은 제외한다. 이하 이 조에서 같다)의 운용과 관련하여 발생한 준해양사고를 해양수산부령으로 정하는 바에 따라 중앙수석조사관에게 통보하여야 한다. 〈개정 2013. 3. 23.〉

② 중앙수석조사관은 제1항에 따라 통보받은 내용을 분석하여 선박과 사람의 안전 및 해양환경 등에 위해를 끼칠 수 있는 사항이 포함되어 있는 경우에는 선박소유자 등 관계인에게 그 내용을 알려야 한다.

③ 중앙수석조사관은 제1항에 따라 준해양사고를 통보한 자의 의사에 반하여 통보자의 신분을 공개하여서는 아니 된다.

[본조신설 2011. 6. 15.]

제32조(영사의 임무) ① 영사는 국외에서 해양사고가 발생한 사실을 알았을 때에는 지체 없이 그 사실과 증거를 수집하여 중앙수석조사관에게 통보하여야 한다.

② 중앙수석조사관은 제1항의 통보를 받으면 지체 없이 관할 지방수석조사관에게 보내야 한다.

[전문개정 2009. 12. 29.]

제33조(사실조사의 요구) ① 해양사고에 대하여 이해관계가 있는 사람은 그 사실을 자세히 기록하여 관할 조사관에게 사실조사를 요구할 수 있다.

② 제1항의 요구를 받은 조사관은 사실조사를 하여 심판청구 여부를 결정하고 이를 요구자에게 알려야 한다.

③ 조사관이 제2항의 심판청구를 하지 아니할 때에는 미리 중앙

수석조사관의 승인을 받아야 한다. 〈개정 2023. 9. 14.〉

[전문개정 2009. 12. 29.]

제34조(해양사고의 조사 및 처리) ① 조사관은 해양사고가 발생한 사실을 알게 되면 즉시 그 사실을 조사하고 증거를 수집하여야 한다.

② 조사관은 조사 결과 사건을 심판에 부칠 필요가 없다고 인정하는 경우에는 그 사건에 대하여 심판불필요처분(審判不必要處分)을 하여야 한다.

[전문개정 2009. 12. 29.]

제35조(증거보전) ① 조사관, 해양사고관련자 또는 심판변론인이 미리 증거를 보전하지 아니하면 그 증거를 채택하기 곤란하다고 인정하여 증거보전을 신청할 때에는 심판원은 심판청구 전이라도 검증 또는 감정을 할 수 있다. 〈개정 2011. 6. 15.〉

② 제1항의 신청에는 서면으로 증거를 표시하고 그 증거보전의 사유를 밝혀야 한다.

③ 해양사고가 발생한 경우 누구든지 다음 각 호의 어느 하나에 해당하는 행위를 하여서는 아니 된다. 다만, 선원이나 선박의 안전 확보, 해양환경의 보호 등 공공의 중대한 이익 보호 또는 인명 구조 등을 위하여 제5호에 따른 행위를 하여야 할 필요가 있는 경우에는 그러하지 아니하다. 〈개정 2014. 3. 24., 2018. 12. 31., 2023. 7. 25., 2023. 9. 14.〉

1. 해당 해양사고와 관련된 선박에 비치하거나 기록·보관하는 다음 각 목의 간행물 또는 서류 등(전자적 간행물 또는 서류 등을 포

함하며, 이하 이 항에서 "기록물"이라 한다)의 파기 또는 변경

가. 「선박안전법」 제32조에 따라 선박소유자가 선박에 비치하여야 하는 항해용 간행물

나. 「선원법」 제20조제1항에 따라 선장이 선내에 비치하여야 하는 서류 및 같은 조 제2항에 따라 선장이 기록·보관하여야 하는 서류

2. 해당 해양사고와 관련된 선박으로서 「해상교통안전법」 제46조제2항에 따른 안전관리체제를 수립·시행하여야 하는 선박의 소유자 또는 같은 법 제53조에 따른 안전관리대행업자가 해당 선박의 안전관리체제 수립·시행과 관련하여 작성·보관하거나 선박에 비치하는 기록물의 파기 또는 변경

3. 해당 해양사고와 관련된 선박으로서 제2호에 따른 선박 외의 선박의 소유자 또는 「선박관리산업발전법」 제2조제2호의 선박관리사업자가 해당 선박의 운용, 선원의 관리 또는 선박의 정비와 관련하여 작성·보관하는 기록물의 파기 또는 변경

4. 해당 해양사고와 관련된 선박과 「선박교통관제에 관한 법률」 제11조에 따른 선박교통관제를 시행하는 기관 사이의 선박교통관제와 관련하여 작성·보관되는 기록물의 파기 또는 변경

5. 해당 해양사고와 관련된 선박의 손상된 선체·기관 및 각종 계기(計器)와 그 밖의 부분에 대한 수리

④ 「선박안전법」 제26조에 따라 선박시설기준에서 정하는 항해자료기록장치(이하 이 항에서 "항해자료기록장치"라 한다)를 설치한 선박의 선장은 해당 선박과 관련하여 해양사고가 발생한 경우 지체

없이 항해자료기록장치의 정보를 보존하기 위한 조치를 하여야 한다. 〈신설 2014. 3. 24.〉

[전문개정 2009. 12. 29.]

제36조(비밀준수의무) 조사관이나 그의 보조자는 사실조사와 증거수집을 할 때 비밀을 준수하고 관계인의 명예를 훼손하지 아니하도록 주의하여야 한다.

[전문개정 2009. 12. 29.]

제37조(조사관의 권한) ① 조사관은 그 직무를 수행하기 위하여 필요할 때에는 다음 각 호의 처분을 할 수 있다.

1. 해양사고와 관계있는 사람을 출석하게 하거나 그 사람에게 질문하는 일

2. 선박이나 그 밖의 장소를 검사하는 일

3. 해양사고와 관계있는 사람에게 보고하게 하거나, 장부·서류 또는 그 밖의 물건을 제출하도록 명하는 일

4. 관공서에 대하여 보고 또는 자료의 제출 및 협조를 요구하는 일

5. 증인·감정인·통역인 또는 번역인을 출석하게 하거나 증언·감정·통역·번역을 하게 하는 일

② 제1항제1호의 처분을 받은 사람으로서 조사관이 특히 필요하다고 인정하면 해양수산관서에 대하여 72시간 이내의 기간 동안 해당자의 하선조치를 요구할 수 있다.

③ 조사관이 제1항제2호의 처분을 할 때에는 그 권한을 표시하는 증표를 지니고 이를 관계인에게 내보여야 한다.

[전문개정 2009. 12. 29.]

제38조(심판의 청구) ① 조사관은 사건을 심판에 부쳐야 할 것으로 인정할 때에는 지방심판원에 심판을 청구하여야 한다. 다만, 사건이 발생한 후 3년이 지난 해양사고에 대하여는 심판청구를 하지 못한다.

② 제1항의 청구는 해양사고사실을 표시한 서면으로 하여야 한다.

[전문개정 2009. 12. 29.]

제38조의2(약식심판의 청구) ① 조사관은 다음 각 호의 어느 하나에 해당하는 경미한 해양사고로서 해양사고관련자의 소환이 필요하지 아니하다고 인정할 때에는 약식심판을 청구할 수 있다. 다만, 해양사고관련자의 명시한 의사에 반하여서는 아니 된다.

1. 사람이 사망하지 아니한 사고
2. 선박 또는 그 밖의 시설의 본래의 기능이 상실되지 아니한 사고
3. 대통령령으로 정하는 기준 이하의 오염물질이 해양에 배출된 사고

② 제1항에 따른 약식심판의 청구는 심판청구와 동시에 서면으로 하여야 한다.

[본조신설 2011. 6. 15.]

제39조(해양사고관련자의 지정과 통지) ① 조사관은 제38조에 따라 심판을 청구하는 경우에는 그 해양사고 발생의 원인과 관계가 있다고 인정되는 자를 해양사고관련자로 지정하여야 한다.

② 조사관은 제1항에 따라 해양사고관련자를 지정하면 그 내용을 대통령령으로 정하는 바에 따라 그 해양사고관련자에게 알려야 한다. 〈개정 2020. 2. 18.〉

[전문개정 2009. 12. 29.]

[제목개정 2020. 2. 18.]

제39조의2(이해관계인의 심판신청) ① 해양사고에 대하여 이해관계가 있는 자는 제34조제2항에 따른 심판불필요처분을 받은 해양사고에 대하여 원인규명이 필요하다고 인정하면 대통령령으로 정하는 바에 따라 관할 지방심판원에 그 처분이 올바른지에 대하여 심판을 신청할 수 있다.

② 관할 지방심판원은 제1항에 따라 심판이 신청된 경우 그 신청이 이유 있는 것으로 인정되는 경우에는 결정으로써 조사관으로 하여금 조사를 시작하여 심판을 청구하도록 하고, 그 신청이 이유 없는 것으로 인정되는 경우에는 결정으로써 이를 기각하여야 한다.

[전문개정 2009. 12. 29.]

제5장 지방심판원의 심판 〈개정 2009. 12. 29.〉

제40조(심판의 시작) 지방심판원은 조사관의 심판청구에 따라 심판을 시작한다.

[전문개정 2009. 12. 29.]

제41조(심판의 공개) 심판의 대심(對審)과 재결은 공개된 심판정에서 한다.

[전문개정 2009. 12. 29.]

제41조의2(원격영상심판) ① 심판원장은 제41조에도 불구하고 해양사고관련자가 교통의 불편 등으로 심판정에 직접 출석하기 어려운 경우에는 원격영상심판을 할 수 있다. 〈개정 2018. 12. 31.〉

② 제1항에 따른 원격영상심판은 해양사고관련자가 심판정에 출석하여 진행하는 심판으로 본다. 〈신설 2018. 12. 31.〉

③ 제1항에 따른 원격영상심판의 절차 등에 관하여 필요한 사항은 해양수산부령으로 정한다. 〈개정 2013. 3. 23., 2018. 12. 31.〉

[전문개정 2009. 12. 29.]

제41조의3(약식심판 절차) ① 제38조의2제1항에 따라 약식심판이 청구된 사건에 대하여는 심판의 개정(開廷)절차를 거치지 아니하고 서면으로 심판한다. 다만, 재결을 고지하는 경우에는 제55조의 절차를 따른다.

② 심판장은 제1항에 따라 약식심판을 할 경우에는 해양사고관련자에게 기한을 정하여 서면으로 변론의 기회를 주어야 한다.

③ 심판원은 제1항에 따라 약식심판으로 심판을 하기에 부적당하다고 인정할 때에는 심판의 개정절차에 따라 심판할 것을 결정할 수 있다.

[본조신설 2011. 6. 15.]

제42조(심판장의 권한) ① 심판장은 개정(開廷) 중 심판을 지휘하고 심판정의 질서를 유지한다.

② 심판장은 심판을 방해하는 사람에게 퇴정(退廷)을 명하거나 그 밖에 심판정의 질서를 유지하기 위하여 필요한 조치를 할 수 있다.

[전문개정 2009. 12. 29.]

제43조(심판기일의 지정 및 변경) ① 심판장은 심판기일을 정하여야 한다.

② 심판기일에는 해양사고관련자를 소환하여야 한다. 다만, 심판

장은 1회 이상 출석한 해양사고관련자에 대하여는 소환하지 아니할 수 있다.

③ 심판장은 조사관, 심판변론인, 제44조의2에 따라 심판참여의 허가를 받은 이해관계인 및 소환하지 아니하는 해양사고관련자에게 심판기일을 알려야 한다. 〈개정 2011. 6. 15.〉

④ 심판장은 직권으로 또는 해양사고관련자, 조사관 및 심판변론인의 신청을 받아 제1회 심판기일을 변경할 수 있다.

[전문개정 2009. 12. 29.]

제43조의2(집중심리) ① 심판원은 심리에 2일 이상이 걸릴 때에는 가능하면 매일 계속 개정하여 집중심리를 하여야 한다.

② 심판장은 특별한 사정이 없으면 직전 심판기일부터 10일 이내에 다음 심판기일을 지정하여야 한다.

[전문개정 2009. 12. 29.]

제44조(소환과 신문) 지방심판원은 심판기일에 해양사고관련자, 증인, 그 밖의 이해관계인을 소환하고 신문할 수 있다.

[전문개정 2009. 12. 29.]

제44조의2(이해관계인의 심판참여) ① 이해관계인은 심판장의 허가를 받고 심판에 참여하여 진술할 수 있다.

② 제1항에 따라 심판참여의 허가를 받은 이해관계인이 제44조에 따른 심판원의 소환과 신문에 연속하여 2회 이상 불응하거나 심판의 진행을 방해하는 것으로 인정되는 경우 심판장은 직권으로 해당 이해관계인에 대한 심판참여의 허가를 취소할 수 있다.

③ 심판장은 제1항에 따라 심판참여를 허가하거나 제2항에 따라

심판참여의 허가를 취소한 경우에는 해당 조사관과 해양사고관련자 및 심판변론인에게 그 사실을 알려야 한다.

④ 이해관계인의 심판참여 절차 등에 필요한 사항은 해양수산부령으로 정한다. 〈개정 2013. 3. 23.〉

[본조신설 2011. 6. 15.]

제44조의3(심판정에서의 속기, 녹음·영상녹화) ① 심판장은 조사관, 해양사고관련자 또는 심판변론인의 신청이 있는 경우에는 특별한 사유가 없으면 심판정에서의 심리의 전부 또는 일부를 속기사로 하여금 속기하게 하거나 녹음 또는 영상녹화(녹음이 포함된 것을 말한다. 이하 같다) 장치를 사용하여 녹음 또는 영상녹화를 하도록 하여야 한다.

② 심판장은 필요하다고 인정하는 경우에는 직권으로 심판정에서의 심리의 전부 또는 일부를 속기사로 하여금 속기하게 하거나 녹음 또는 영상녹화를 하도록 할 수 있다.

③ 제1항 및 제2항에 따른 속기, 녹음·영상녹화는 심판조서의 일부로 삼는다.

[본조신설 2018. 12. 31.]

제44조의4(관계 서류 및 증거물의 열람·복사) ① 해양사고관련자, 이해관계인 또는 심판변론인은 지방심판원에 심판조서, 그 밖의 관계 서류 또는 증거물의 열람 또는 복사를 신청할 수 있다. 이 경우 지방심판원은 증거를 보전하기 위하여 열람 또는 복사를 제한할 필요가 있는 경우 등 특별한 사유가 없으면 그 신청에 따라야 한다.

② 제1항에 따라 열람 또는 복사를 신청한 사람이 심판조서, 그

밖의 관계 서류 또는 증거물을 읽지 못하는 경우에는 이를 읽어 줄 것을 지방심판원에 요청할 수 있다.

③ 지방심판원은 해양사고관련자, 증인 등의 생명 또는 신체의 안전을 현저히 해칠 우려가 있는 경우에는 제1항 및 제2항에 따른 열람 또는 복사 등에 앞서 이름, 주소 등 개인정보가 공개되지 아니하도록 보호조치를 하여야 한다.

④ 제1항부터 제3항까지의 규정에 따른 열람·복사 등의 신청절차, 개인정보 보호조치의 방법 및 그 밖에 필요한 사항은 대통령령으로 정한다.

[본조신설 2018. 12. 31.]

제45조(필요적 구술변론) ① 심판의 재결은 구술변론을 거쳐야 한다. 다만, 다음 각 호의 어느 하나에 해당하는 경우에는 구술변론을 거치지 아니하고 재결을 할 수 있다.

1. 해양사고관련자가 정당한 사유 없이 심판기일에 출석하지 아니한 경우

2. 해양사고관련자가 심판장의 허가를 받고 서면으로 진술한 경우

3. 조사관이 사고 조사를 충분히 실시하여 해양사고관련자의 구술변론이 불필요한 경우 등 심판장이 원인규명을 위한 해양사고관련자의 소환이 불필요하다고 인정하는 경우

4. 제41조의3에 따른 약식심판을 행하는 경우

② 제1항제3호에 해당하는 경우에는 해양사고관련자의 명시한 의사에 반하여서는 아니 된다.

[전문개정 2011. 6. 15.]

제46조(인정신문) 심판장은 해양사고관련자의 성명·주민등록번호 및 주소를 신문하고 해양사고관련자가 해기사 및 도선사인 경우에는 면허의 종류 등을 신문하여 해양사고관련자임이 틀림없다는 것을 확인하여야 한다.

[전문개정 2009. 12. 29.]

제47조(조사관의 최초 진술) 조사관은 심판청구서에 따라 심판청구의 요지를 진술하여야 한다.

[전문개정 2009. 12. 29.]

제48조(증거조사) ① 지방심판원은 조사관, 해양사고관련자 또는 심판변론인의 신청에 의하거나 직권으로 필요한 증거조사를 할 수 있다.

② 지방심판원은 제1회 심판기일 전에는 다음의 방법에 따른 조사만을 할 수 있다.

1. 선박이나 그 밖의 장소를 검사하는 일
2. 장부·서류 또는 그 밖의 물건을 제출하도록 명하는 일
3. 관공서에 대하여 보고 또는 자료제출을 요구하는 일

③ 지방심판원은 구속·압수·수색이나 그 밖에 신체·물건 또는 장소에 대한 강제처분을 하지 못한다.

[전문개정 2009. 12. 29.]

제48조의2(증거자료의 한글사용) 심판원에 증거로 제출하는 항해일지 등의 문서는 한글(국한문혼용을 포함한다)로 작성하여 제출하는 것을 원칙으로 하되, 외국어로 작성된 문서를 제출하는 경우에는 그 번역문을 첨부하여야 한다.

[전문개정 2009. 12. 29.]

제49조(선서) 지방심판원은 제48조제1항에 따른 증거조사를 할 때 증인·감정인·통역인 또는 번역인에게 증언·감정·통역 또는 번역을 하게 하는 경우에는 대통령령으로 정하는 방법에 따라 선서하게 하여야 한다.

[전문개정 2009. 12. 29.]

제49조의2(심판청구서의 변경 등) ① 조사관은 심판청구서에 기재된 사건명을 변경하거나 해양사고 사실 또는 해양사고관련자를 추가·철회 또는 변경할 수 있다.

② 심판장은 심리의 경과에 비추어 필요하다고 인정하면 조사관에게 해양사고관련자를 추가·철회 또는 변경할 것을 서면으로 요구할 수 있다.

③ 심판장은 제1항과 제2항에 따라 해양사고 사실 또는 해양사고관련자가 추가·철회 또는 변경되었을 때에는 지체 없이 해양사고관련자, 심판변론인 및 제44조의2에 따라 심판참여의 허가를 받은 이해관계인에게 그 사실을 알려야 한다. 〈개정 2011. 6. 15.〉

④ 제1항과 제2항에 따른 심판청구서의 추가·철회 또는 변경의 요건·절차 등에 관하여 필요한 사항은 대통령령으로 정한다.

[전문개정 2009. 12. 29.]

제49조의3(심판청구의 취하) 조사관은 심판청구된 사건에 대한 심판이 불필요하게 된 경우로서 대통령령으로 정하는 경우에는 제1심의 재결이 있을 때까지 심판청구를 취하할 수 있다. 다만, 제39조의2에 따라 심판원의 결정으로 조사관이 청구한 사건에 대하여는 그러하지

아니하다.

[전문개정 2009. 12. 29.]

제50조(증거심판주의) 사실의 인정은 심판기일에 조사한 증거에 의하여야 한다.

[전문개정 2009. 12. 29.]

제51조(자유심증주의) 증거의 증명력은 심판관의 자유로운 판단에 따른다.

[전문개정 2009. 12. 29.]

제52조(심판청구기각의 재결) 지방심판원은 다음 각 호의 경우에는 재결로써 심판청구를 기각하여야 한다.

1. 사건에 대하여 심판권이 없는 경우
2. 심판의 청구가 법령을 위반하여 제기된 경우
3. 제7조에 따라 심판할 수 없는 경우

[전문개정 2009. 12. 29.]

제53조(재결이유의 표시) 재결에는 주문(主文)을 표시하고 이유를 붙여야 한다.

[전문개정 2009. 12. 29.]

제54조(본안의 재결) 본안의 재결에는 해양사고의 구체적 사실과 원인을 명백히 하고 증거를 들어 그 사실을 인정한 이유를 밝혀야 한다. 다만, 그 사실이 없다고 인정한 경우에는 그 뜻을 명백히 하여야 한다.

[전문개정 2009. 12. 29.]

제55조(재결의 고지) 재결은 심판정에서 재결원본에 따라 심판장이

고지한다.

[전문개정 2009. 12. 29.]

제56조(재결서의 송달) 심판원장은 제55조에 따라 재결을 고지한 날부터 10일 이내에 재결서의 정본을 조사관과 해양사고관련자 또는 심판변론인에게 송달하여야 한다.

[전문개정 2009. 12. 29.]

제56조의2(송달의 방식) 해양사고관련자, 심판변론인 또는 대리인에 대한 통지 또는 서류의 송달에 필요한 사항은 대통령령으로 정한다. 〈개정 2020. 2. 18.〉

[전문개정 2009. 12. 29.]

제57조(법령에의 위임) 이 법에서 규정한 것 외에 심판절차에 관하여 필요한 사항은 대통령령으로 정한다.

[전문개정 2009. 12. 29.]

제6장 중앙심판원의 심판 〈개정 2009. 12. 29.〉

제58조(제2심의 청구) ① 조사관 또는 해양사고관련자는 지방심판원의 재결(특별심판부의 재결을 포함한다)에 불복하는 경우에는 중앙심판원에 제2심을 청구할 수 있다.

② 심판변론인은 해양사고관련자를 위하여 제1항의 청구를 할 수 있다. 다만, 해양사고관련자의 명시한 의사에 반하여서는 아니 된다.

③ 제2심 청구는 이유를 붙인 서면으로 원심심판원에 제출하여야 한다.

[전문개정 2009. 12. 29.]

第59条(제2심의 청구기간) ① 제58조의 청구는 재결서 정본을 송달받은 날부터 14일 이내에 하여야 한다.

② 제2심 청구를 할 수 있는 자가 본인이 책임질 수 없는 사유로 인하여 제1항의 기간 내에 심판청구를 하지 못한 경우에는 그 사유가 끝난 날부터 14일 이내에 서면으로 원심심판원에 제출할 수 있다.

③ 제2항의 경우에는 그 사유를 소명하여야 한다.

[전문개정 2009. 12. 29.]

第60条(제2심 청구의 효력) 제2심 청구의 효력은 그 사건과 당사자 모두에게 미친다.

[전문개정 2009. 12. 29.]

第61条(제2심 청구의 취하) 제2심 청구를 한 자는 재결이 있을 때까지 그 청구를 취하할 수 있다.

[전문개정 2009. 12. 29.]

第62条(법령위반으로 인한 청구의 기각) 중앙심판원은 제2심의 심판청구의 절차가 법령을 위반한 경우에는 재결로써 그 청구를 기각한다.

[전문개정 2009. 12. 29.]

第63条(사건의 환송) 중앙심판원은 지방심판원이 법령을 위반하여 심판청구를 기각한 경우에는 재결로써 사건을 지방심판원에 환송(還送)하여야 한다.

[전문개정 2009. 12. 29.]

第64条(지방심판원의 청구기각 사유로 인한 청구의 기각) 중앙심판

원은 지방심판원이 제52조 각 호의 어느 하나에 해당하는 사유가 있음에도 불구하고 심판의 청구를 기각하지 아니한 경우에는 재결로써 기각하여야 한다.

[전문개정 2009. 12. 29.]

제65조(본안의 재결) 중앙심판원은 제62조부터 제64조까지의 경우 외에는 본안에 관하여 재결을 하여야 한다.

[전문개정 2009. 12. 29.]

제65조의2(불이익변경의 금지) 해양사고관련자인 해기사나 도선사가 제2심을 청구한 사건과 해양사고관련자인 해기사나 도선사를 위하여 제2심을 청구한 사건에 대하여는 제1심에서 재결한 징계보다 무거운 징계를 할 수 없다.

[전문개정 2009. 12. 29.]

제66조(준용규정) 중앙심판원은 심판에 관하여는 이 장에서 규정한 사항 외에는 제5장을 준용한다. 다만, 제41조의3과 제49조의2제1항 및 제2항(해양사고관련자의 추가·철회 또는 변경 부분만 해당한다)은 준용하지 아니한다. 〈개정 2011. 6. 15.〉

[전문개정 2009. 12. 29.]

제7장 이의신청 〈개정 2009. 12. 29.〉

제67조(결정에 대한 이의신청) ① 지방심판원에서 결정을 받은 자는 중앙심판원에 이의를 신청할 수 있다.

② 이의신청은 제2심 재결이 있을 때까지 할 수 있다.

[전문개정 2009. 12. 29.]

第68条(이의신청의 절차) ① 이의신청을 하려면 신청서를 지방심판원에 제출하여야 한다.

② 지방심판원은 이의신청이 이유 있다고 인정하면 원심결정을 경정할 수 있다.

③ 지방심판원은 이의신청이 전부 또는 일부가 이유 없다고 인정하면 그 신청서를 수리(受理)한 날부터 3일 이내에 중앙심판원에 보내야 한다.

④ 이의신청은 원심결정의 집행을 정지하지 아니한다. 다만, 지방심판원은 상당한 이유가 있다고 인정할 때에는 조사관의 의견을 들어 집행을 정지할 수 있다.

[전문개정 2009. 12. 29.]

第69条(이의신청과 관계 서류 및 증거물) ① 이의신청이 있을 때에 지방심판원은 필요하면 원심조서, 그 밖의 관계 서류 및 증거물을 중앙심판원에 보내야 한다.

② 중앙심판원은 지방심판원에 대하여 원심조서, 그 밖의 관계 서류 및 증거물을 보내도록 요구할 수 있다.

[전문개정 2009. 12. 29.]

第70条(원심결정의 집행정지) ① 이의신청이 있는 경우 중앙심판원은 상당한 이유가 있다고 인정하면 조사관의 의견을 들어 결정으로써 원심결정의 집행을 정지할 수 있다.

② 제1항의 경우에 중앙심판원은 그 결정서의 정본을 지방심판원에 보내야 한다.

[전문개정 2009. 12. 29.]

第71조(이의신청에 대한 결정) ① 중앙심판원은 조사관의 의견을 들어 이의신청에 대한 결정을 하여야 한다.

② 이의신청이 절차를 위반하였을 때 또는 그 이유가 없을 때에는 이의신청의 기각 결정을 하여야 한다.

③ 제1항과 제2항에 따른 결정에는 반드시 그 이유를 붙일 필요는 없다.

[전문개정 2009. 12. 29.]

第72조(지방심판원에 대한 결정의 통지) 이의신청에 대한 중앙심판원의 결정은 이의신청인과 지방심판원에 알려야 한다.

[전문개정 2009. 12. 29.]

第73조(위임규정) 이의신청에 대한 결정에 관하여 필요한 사항은 대통령령으로 정한다.

[전문개정 2009. 12. 29.]

제8장 중앙심판원의 재결에 대한 소송 〈개정 2009. 12. 29.〉

第74조(관할과 제소기간 및 그 제한) ① 중앙심판원의 재결에 대한 소송은 중앙심판원의 소재지를 관할하는 고등법원에 전속(專屬)한다. 〈개정 2014. 5. 21.〉

② 제1항의 소송은 재결서 정본을 송달받은 날부터 30일 이내에 제기하여야 한다.

③ 제2항의 기간은 불변기간(不變期間)으로 한다.

④ 지방심판원의 재결에 대하여는 소송을 제기할 수 없다.

[전문개정 2009. 12. 29.]

제75조(피고) 제74조제1항의 소송에서는 중앙심판원장을 피고로 한다.

[전문개정 2009. 12. 29.]

제76조 삭제 〈1999. 2. 5.〉

제77조(재판) ① 법원은 제74조에 따라 소송이 제기된 경우 그 청구가 이유 있다고 인정하면 판결로써 재결을 취소하여야 한다. 〈개정 2014. 5. 21.〉

② 중앙심판원은 제1항에 따라 재결의 취소판결이 확정되면 다시 심리를 하여 재결하여야 한다.

③ 제1항에 따른 법원의 판결에서 재결취소의 이유가 되는 판단은 그 사건에 대하여 중앙심판원을 기속(羈束)한다.

④ 이 법에 따른 중앙심판원의 재결에 관한 소송에 관하여는 이 법에서 규정하는 사항 외에 「행정소송법」을 준용한다.

[전문개정 2009. 12. 29.]

제9장 재결 등의 집행 〈개정 2009. 12. 29.〉

제78조(재결의 집행시기) 재결은 확정된 후에 집행한다.

[전문개정 2009. 12. 29.]

제79조(재결의 집행자) 중앙심판원의 재결은 중앙수석조사관이, 지방심판원의 재결은 해당 지방수석조사관이 각각 집행한다.

[전문개정 2009. 12. 29.]

제80조(면허취소 재결의 집행) 면허취소 재결이 확정되면 조사관은 해기사면허증 또는 도선사면허증을 회수하여 관계 해양수산관서에 보내야 한다.

[전문개정 2009. 12. 29.]

제81조(업무정지 재결의 집행) 조사관은 업무정지 재결이 확정된 때에는 해기사면허증 또는 도선사면허증을 회수하여 보관하였다가 업무정지 기간이 끝난 후에 돌려주어야 한다. 다만, 제6조의2에 따라 집행유예 재결을 받은 경우에는 회수하지 아니 한다.

[전문개정 2011. 6. 15.]

제81조의2(징계의 실효) 제5조에 따라 업무정지 또는 견책의 징계를 받은 해기사나 도선사가 그 징계 재결의 집행이 끝난 날부터 5년 이상 무사고 운항을 하였을 경우에는 그 징계는 실효(失效)된다. 이 경우 그 징계기록의 말소절차에 관하여 필요한 사항은 해양수산부령으로 정한다. 〈개정 2013. 3. 23.〉

[전문개정 2009. 12. 29.]

제82조(면허증의 무효선언과 고시) 면허취소 또는 업무정지 재결을 받은 사람이 조사관에게 그 해기사면허증 또는 도선사면허증을 제출하지 아니할 때에는 중앙수석조사관은 그 면허증의 무효를 선언하고 그 사실을 관보에 고시한 후 해양수산부장관에게 보고하여야 한다. 〈개정 2013. 3. 23.〉

[전문개정 2009. 12. 29.]

제83조(재결의 공고) 중앙수석조사관은 제5조제3항에 따른 시정·개선을 권고하거나 명하는 재결을 하였을 때에는 그 내용을 관보에 공고하고 해양수산부장관에게 보고하여야 한다. 다만, 필요하다고 인정하는 경우에는 관보를 대신하여 신문에 공고할 수 있다. 〈개정 2013. 3. 23.〉

[전문개정 2009. 12. 29.]

제84조(재결 등의 이행) ① 다음 각 호의 어느 하나에 해당하는 자는 그 취지에 따라 필요한 조치를 하고, 수석조사관이 요구하면 그 조치내용을 지체 없이 통보하여야 한다.

1. 제5조제3항에 따라 시정 또는 개선을 명하는 재결을 받은 자
2. 제5조의2에 따라 시정 또는 개선조치의 요청을 받은 자

② 수석조사관은 제1항에 따른 통보내용을 검토하여 그 조치가 부족하다고 인정할 때에는 그 이행을 요구할 수 있다.

[전문개정 2009. 12. 29.]

제10장 보칙 〈개정 2009. 12. 29.〉

제85조(증인 등의 수당지급) 이 법에 따라 출석하는 증인, 감정인, 통역인 및 번역인에게 대통령령으로 정하는 바에 따라 여비·일당·숙박료, 감정료, 통역료 또는 번역료를 지급할 수 있다.

[전문개정 2009. 12. 29.]

제85조의2(불이익한 처우 등의 금지) 누구든지 해양사고의 조사 및 심판과 관련하여 이 법에 따른 증언·감정·진술을 하거나 자료·물건을 제출하였다는 이유로 해고, 전보, 징계, 부당한 대우, 그 밖에 신분·처우와 관련한 불이익을 받지 아니한다.

[본조신설 2014. 3. 24.]

제86조(비상임심판관 등의 수당) 심판에 참여하는 비상임심판관과 제30조에 따라 선정된 국선 심판변론인에 대하여는 대통령령으로 정하는 바에 따라 수당을 지급할 수 있다.

[전문개정 2011. 6. 15.]

제87조(행정심판 등의 제한) 이 법에 따른 재결에 대하여는 「행정심판법」이나 그 밖의 법령에 따른 행정심판의 청구 또는 이의신청을 할 수 없다.

[전문개정 2009. 12. 29.]

제88조(수수료) 각급 심판원으로부터 이 법에 따른 재결서·결정서 등의 등본을 발급받거나 심판조서, 그 밖의 관계 서류 또는 증거물을 복사하려는 사람은 해양수산부령으로 정하는 수수료를 내야 한다. 〈개정 2013. 3. 23., 2018. 12. 31.〉

[전문개정 2009. 12. 29.]

제88조의2(벌칙 적용 시의 공무원 의제) 다음 각 호의 어느 하나에 해당하는 사람은 「형법」 제129조부터 제132조까지의 규정을 적용할 때에는 공무원으로 본다.

1. 제14조제2항에 따라 심판에 참여하는 비상임심판관

2. 제18조의3에 따라 특별조사부에서 조사를 담당하는 해양사고 관련 전문가

[본조신설 2011. 6. 15.]

제88조의3(해양사고정보시스템의 구축·운영) ① 중앙심판원장은 해양사고에 대한 조사 및 심판과 관련되는 정보를 효율적으로 관리하기 위하여 해양사고정보시스템을 구축하여 운영할 수 있다.

② 중앙심판원장은 제1항에 따른 해양사고정보시스템을 통하여 관리하는 정보를 해양사고에 대한 조사 및 심판 업무의 수행 외의 목적에는 활용할 수 없으며, 해양사고관련자, 증인 등의 개인정보

등을 침해하지 아니하도록 관리하여야 한다.

③ 중앙심판원장은 제2항에도 불구하고 해양사고 예방을 위한 정책 수립이나 그에 따른 예방조치의 집행 등 공익상 목적을 위하여 필요하다고 인정되는 경우에는 제1항에 따른 해양사고정보시스템을 통하여 관리하는 정보(「개인정보 보호법」 제2조제1호의 개인정보는 제외한다)를 관계 행정기관 및 제4조제3항에 따른 전문연구기관에 제공할 수 있다. 〈신설 2023. 9. 14.〉

④ 제1항부터 제3항까지에서 규정한 사항 외에 해양사고정보시스템의 구축·운영 등에 필요한 사항은 해양수산부령으로 정한다. 〈개정 2023. 9. 14.〉

[본조신설 2018. 12. 31.]

제11장 벌칙 〈개정 2009. 12. 29.〉

제89조(벌칙) 제29조제3항을 위반하여 직무상 알게 된 비밀을 누설한 사람은 1년 이하의 징역 또는 1천만원 이하의 벌금에 처한다.

[전문개정 2009. 12. 29.]

제90조(과태료) ① 제85조의2를 위반하여 해양사고의 조사 및 심판과 관련하여 증언·감정·진술을 하거나 자료·물건을 제출한 사람에게 그 증언·감정·진술이나 자료·물건의 제출을 이유로 해고, 전보, 징계, 부당한 대우, 그 밖에 신분·처우와 관련한 불이익을 준 자에게는 1천만원 이하의 과태료를 부과한다. 〈신설 2014. 3. 24.〉

② 다음 각 호의 어느 하나에 해당하는 자에게는 500만원 이하의 과태료를 부과한다. 〈개정 2014. 3. 24., 2018. 12. 31.〉

1. 제5조제3항에 따른 시정 또는 개선을 명하는 재결을 이행하지 아니한 자

2. 제35조제3항을 위반한 자

2의2. 제35조제4항을 위반한 자

3. 제37조제1항제1호부터 제3호까지의 규정에 따른 조사관의 처분에 따르지 아니하거나 처분에 따르는 것을 방해한 자. 다만, 제37조제1항제1호·제3호의 경우 해양사고의 원인과 직접 관련이 없는 자는 제외한다.

4. 제48조제2항제1호에 따른 심판원의 검사를 거부, 방해 또는 기피한 자

5. 제48조제2항제2호에 따른 심판원의 제출명령을 받은 장부, 서류, 그 밖의 물건을 제출하지 아니하거나, 거짓으로 기록한 장부, 서류, 그 밖의 물건을 제출한 자

6. 제49조에 따른 선서를 위배하여 거짓 사실을 진술한 사람

③ 다음 각 호의 어느 하나에 해당하는 자에게는 200만원 이하의 과태료를 부과한다. 〈개정 2014. 3. 24., 2018. 12. 31.〉

1. 심판원으로부터 계속 2회의 소환을 받고도 정당한 사유 없이 출석하지 아니한 해양사고관련자

2. 심판원으로부터 계속 2회의 소환을 받고 정당한 사유 없이 출석하지 아니하거나 그 의무를 이행하지 아니한 증인·감정인·통역인 또는 번역인

3. 제42조제2항에 따른 심판장의 명령에 복종하지 아니한 사람

④ 제1항부터 제3항까지의 규정에 따른 과태료는 대통령령으로 정

하는 바에 따라 심판원장이 부과·징수한다. 〈개정 2014. 3. 24.〉

[전문개정 2009. 12. 29.]

제91조 삭제 〈2009. 12. 29.〉

부칙 〈제2306호, 1971. 1. 22.〉

①(시행일) 이 법은 공포후 6월이 경과하지 아니하는 기간내에 대통령령이 정하는 날로부터 시행한다.

②(경과조치) 이 법 시행 당시 해난심판위원회에 종사하는 해난심판위원장·위원은 이 법에 의한 해난심판원장과 심판관으로 임명된 것으로 본다.

부칙 〈제2582호, 1973. 3. 5.〉

①(시행일) 이 법은 공포한 날로부터 시행한다.

②(경과조치) 이 법에 의하여 정년을 초과하였거나 임기가 만료된 심판원장과 심판관은 그 후임자가 임명될 때까지 그 직무를 행하며, 이 경우에 그 임기는 후임자가 임명되는 전일까지로 한다.

부칙 〈제2876호, 1975. 12. 31.〉

이 법은 공포한 날로부터 시행한다.

부칙 〈제3715호, 1983. 12. 31.〉 (선박직원법)

제1조 (시형일) 이 법은 1984년 4월 1일부터 시행한다.

제2조 내지 제5조 생략

제6조 (다른 법률의 개정) ①생략

②해난심판법중 다음과 같이 개정한다.

1. 제9조제2항제1호중 "갑종선장 또는 갑종기관장"을 "1급항해사 또는 1급기관사"로 한다.

2. 제46조 · 제80조 및 제82조중 "해기사면허장"을 "해기사면허증"으로 한다.

3. 제81조 및 제82조의 제목 및 본문중 "면허장"을 "면허증 또는 면허장"으로 한다.

부칙 〈제3951호, 1987. 11. 28.〉

①(시행일) 이 법은 공포후 3월이 경과한 날로부터 시행한다.

②(중앙심판원장 · 심판관 · 주임조사관 및 조사관에 대한 경과조치) 이 법 시행당시 재직중인 중앙심판원장 · 심판관 · 주임조사관 및 조사관은 이 법에 의한 중앙심판원장 · 심판관 · 수석조사관 및 조사관으로 각각 임명된 것으로 본다.

③(과태료에 관한 경과조치) 이 법 시행전의 행위에 대한 과태료의 적용에 있어서는 종전의 규정에 의한다.

부칙 〈제4423호, 1991. 12. 14.〉 (비송사건절차법)

제1조 (시행일) 이 법은 1992년 2월 1일부터 시행한다.

제2조 내지 제5조 생략

제6조 (다른 법률의 개정) ①내지 ⑫생략

⑬해난심판법중 다음과 같이 개정한다.

제90조중 “제276조 내지 제278조”를 “제247조 내지 제249조”로 한다.

⑭생략

부칙 〈제5153호, 1996. 8. 8.〉 (정부조직법)

제1조 (시행일) 이 법은 공포후 30일이내에 제41조의 개정규정에 의한 해양수산부와 해양경찰청의 조직에 관한 대통령령의 시행일부터 시행한다.

제2조 생략

제3조 (다른 법률의 개정) ①내지 〈66〉생략

〈67〉해난심판법중 다음과 같이 개정한다.

제3조, 제9조제2항·제3항, 제9조의2 본문, 제13조의2, 제82조 및 제83조중 “교통부장관”을 각각 “해양수산부장관”으로 한다.

제9조의2제6호중 “교통행정”을 “해양수산행정”으로 한다.

제20조의2 및 제81조의2중 “교통부령”을 각각 “해양수산부령”으로 한다.

제31조의 제목·제1항, 제37조제2항 및 제80조중 “해운관서”를 각각 “해양스산관서”로 한다.

〈68〉및 〈69〉생략

제4조 생략

부칙 〈제5809호, 1999. 2. 5.〉

제1조 (시행일) 이 법은 공포후 6월이 경과한 날부터 시행한다. 다

만, 제2조제4호 및 제41조의2의 개정규정은 이 법 공포후 1년6월이 경과한 날부터 시행한다.

제2조 (중앙심판원장 · 지방심판원장 · 심판관 및 조사관에 대한 경과조치) 이 법 시행당시 재직중인 중앙심판원장 · 지방심판원장 · 심판관 및 조사관중 이 법에 의한 자격기준을 갖추지 아니한 자는 다음 각호의 구분에 따른 기간동안 제9조 · 제9조의2 및 제16조의2의 개정규정에 의한 자격기준을 갖춘 것으로 본다.

1. 중앙심판원장 · 지방심판원장 및 심판관 : 잔여임기에 해당하는 기간

2. 조사관 : 이 법 시행후 6월이내의 기간

제3조 (참심원에 대한 경과조치) 이 법 시행당시 위촉되어 있는 참심원은 제14조의 개정규정에 의한 비상임심판관으로 본다.

제4조 (해사보좌인등에 대한 경과조치) ①이 법 시행당시 중앙심판원에 등록한 해사보좌인은 제28조제2항의 개정규정에 의하여 중앙심판원에 등록한 심판변론인으로 본다.

②이 법 시행당시 중앙심판원장의 허가를 받은 해사보좌인협회는 제30조의2제1항의 개정규정에 의하여 해양수산부장관의 허가를 받은 심판변론인협회로 본다.

제5조 (벌칙에 관한 경과조치) 이 법 시행전의 행위에 대한 벌칙의 적용에 있어서는 종전의 규정에 의한다.

제6조 (다른 법률의 개정) ①개항질서법중 다음과 같이 개정한다.

제6조제1항 단서, 제11조제1항 단서, 제12조제1항제1호중 "해난을"을 각각 "해양사고를"로 한다.

제25조의 제목 및 동조제1항중 “해난”을 각각 “해양사고”로 한다.

②교통안전법중 다음과 같이 개정한다.

제24조제2항중 “해난구조”를 “해양사고 구조”로, “해난구조체제”를 “해양사고 구조체제”로 한다.

③국가공무원법중 다음과 같이 개정한다.

제2조제3항제2호 다목중 “해난심판원”을 “해양안전심판원”으로 한다.

④도선법중 다음과 같이 개정한다.

제9조제1항제5호중 “해난사고”를 “해양사고”로 하고, 동조제4항중 “해난사고가 해난심판법에 의한 해난심판에”를 “해양사고가 해양사고의조사및심판에관한법률에 의한 해양안전심판에”로 한다.

⑤민사소송법중 다음과 같이 개정한다.

제17조의 제목중 “해난구조지”를 “해양사고 구조지”로 하고, 동조 본문중 “해난구조”를 “해양사고 구조”로 한다.

⑥배타적경제수역에서의외국인어업등에대한주권적권리의행사에관한법률중 다음과 같이 개정한다.

제11조 단서 및 제12조 단서중 “해난사고”를 각각 “해양사고”로 한다.

⑦상법중 다음과 같이 개정한다.

제748조제2호중 “해난구조”를 “해양사고 구조”로 하고, 동조제4호중 “해난을”을 “해양사고를”로 한다.

제752조의2의 제목 및 동조제1항중 “해난구조자”를 각각 “해양사고구조자”로 한다.

제774조제1항 본문중 “해난구조료”를 “해양사고 구조료”로 한다.

제794조제2항·제797조 및 제800조제1항중 "해난구조"를 각각 "해양사고 구조"로 한다.

제7장의 제목 "해난구조"를 "해양사고 구조"로 한다.

제849조의 제목중 "해난구조"를 "해양사고 구조"로 한다.

제851조중 "해난당시"를 "해양사고당시"로 한다.

제857조제2호중 "해난을"을 "해양사고를"로 한다.

제862조제3호중 "해난구조"를 "해양사고 구조"로 한다.

⑧선박법중 다음과 같이 개정한다.

제6조 단서중 "해난"을 "해양사고"로 한다.

⑨선원법중 다음과 같이 개정한다.

제21조제1호중 "해난이"를 "해양사고가"로 한다.

제93조중 "해난사고"를 "해양사고"로 한다.

⑩선박직원법중 다음과 같이 개정한다.

제9조제1항 단서중 "해난사고에 대하여 해난심판원이"를 "해양사고에 대하여 해양안전심판원이"로 한다.

제27조제3호 및 제28조제2호중 "해난심판법"을 각각 "해양사고의조사및심판에관한법률"로 한다.

⑪섭외사법중 다음과 같이 개정한다.

제47조의 제목 "(해난구조)"를 "(해양사고 구조)"로 하고, 동조 본문중 "해난구조"를 "해양사고 구조"로 한다.

⑫정부조직법중 다음과 같이 개정한다.

제43조제1항중 "해난심판"을 "해양안전심판"으로 한다.

⑬한국해운조합법중 다음과 같이 개정한다.

제6조제1항제12호를 다음과 같이 한다.

12. 해양사고 구제사업

⑭해상교통안전법중 다음과 같이 개정한다.

제9조의 제목 및 동조제1항중 "해난이"를 각각 "해양사고가"로 하고, 동조제1항·제3항중 "해난"을 각각 "해양사고"로 한다.

제11조제1항 본문중 "해난"을 "해양사고"로 한다.

제17조제7항 단서 및 제18조제8항 단서중 "해난을"을 각각 "해양사고를"로 한다.

제45조제1항 본문중 "대형해난이"를 "대형 해양사고가"로 한다.

제49조의2제1항 본문중 "해난으로"를 "해양사고로"로 한다.

제50조중 "해난이"를 "해양사고가"로 한다.

⑮해양과학조사법중 다음과 같이 개정한다.

제15조중 "해난사고"를 "해양사고"로 한다.

⑯해운법중 다음과 같이 개정한다.

제21조제1항제3호중 "해난사고"를 "해양사고"로 하고, 동항제4호중 "해난을"을 "해양사고를"로 한다.

⑰행정절차법중 다음과 같이 개정한다.

제3조제2항제8호중 "해난심판"을 "해양안전심판"으로 한다.

부칙 〈제7427호, 2005. 3. 31.〉 (민법)

제1조 (시행일) 이 법은 공포한 날부터 시행한다. 다만, …생략… 부칙 제7조(제2항 및 제29항을 제외한다)의 규정은 2008년 1월 1일부터 시행한다.

제2조 내지 제6조 생략

제7조 (다른 법률의 개정) ①내지 ㉔생략

㉕해양사고의조사및심판에관한법률 일부를 다음과 같이 개정한다.

제15조제1항제1호중 "친족 · 호주 · 가족관계"를 "친족관계"로 한다.

제27조제2항중 "직계친족 · 형제자매와 호주"를 "직계친족과 형제자매"로 한다.

㉖내지 ㉙생략

부칙 〈제7428호, 2005. 3. 31.〉 (채무자 회생 및 파산에 관한 법률)

제1조 (시행일) 이 법은 공포 후 1년이 경과한 날부터 시행한다.

제2조 내지 제4조 생략

제5조 (다른 법률의 개정) ①내지 〈138〉생략

〈139〉해양사고의조사및심판에관한법률 일부를 다음과 같이 개정한다.

제10조제2호중 "파산자"를 "파산선고를 받은 자"로 한다.

〈140〉내지 〈145〉생략

제6조 생략

부칙 〈제7796호, 2005. 12. 29.〉 (국가공무원법)

제1조 (시행일) 이 법은 2006년 7월 1일부터 시행한다.

제2조 내지 제5조 생략

제6조 (다른 법률의 개정) ①내지 〈65〉생략

〈66〉해양사고의조사및심판에관한법률 일부를 다음과 같이 개정한다.

제9조의2제2항제2호중 “4급이상의 일반직 국가공무원”을 “4급 이상 일반직 국가공무원 또는 고위공무원단에 속하는 일반직공무원”으로 하고, 동항제3호중 “3급이상의 일반직 국가공무원”을 “3급 이상 일반직 국가공무원 또는 고위공무원단에 속하는 일반직공무원”으로 하며, 동조제3항제2호중 “5급이상의 일반직 국가공무원”을 “5급 이상 일반직 국가공무원 또는 고위공무원단에 속하는 일반직공무원”으로 한다.

〈67〉내지 〈68〉생략

부칙 〈제7849호, 2006. 2. 21.〉 (제주특별자치도 설치 및 국제자유도시 조성을 위한 특별법)

제1조 (시행일) 이 법은 2006년 7월 1일부터 시행한다. 〈단서 생략〉

제2조 내지 제39조 생략

제40조 (다른 법령의 개정) ①내지 ㊱생략

㊲해양사고의조사및심판에관한법률 일부를 다음과 같이 개정한다.

제31조제1항 중 “경찰공무원”을 “국가경찰공무원”으로 한다.

㊳내지 ㊼생략

제41조 생략

부칙 〈제8792호, 2007. 12. 21.〉

①(시행일) 이 법은 공포 후 6개월이 경과한 날부터 시행한다.

②(심판관 및 조사관의 임명 및 자격에 관한 적용례) 제9조의2제

1항·제3항 및 제16조의2의 개정규정은 이 법 시행 후 최초로 임명되는 심판관 및 조사관부터 적용한다.

③(결격사유에 관한 적용례) 제10조의 개정규정은 이 법 시행 후 최초로 임명되거나 등록하는 심판원장, 심판관 또는 심판변론인부터 적용한다.

부칙 〈제8852호, 2008. 2. 29.〉 (정부조직법)

제1조(시행일) 이 법은 공포한 날부터 시행한다. 다만, ···〈생략〉···, 부칙 제6조에 따라 개정되는 법률 중 이 법의 시행 전에 공포되었으나 시행일이 도래하지 아니한 법률을 개정한 부분은 각각 해당 법률의 시행일부터 시행한다.

제2조 부터 제5조까지 생략

제6조(다른 법률의 개정) ① 부터 〈687〉 까지 생략

〈688〉 해양사고의조사및심판에관한법률 일부를 다음과 같이 개정한다.

제2조제4호, 제4조제3항, 제20조의2, 제28조제1항제3호, 제41조의2제2항, 제81조의2 후단 및 제88조 중 "해양수산부령"을 각각 "국토해양부령"으로 한다.

제3조, 제9조제2항 및 제3항, 제9조의2제1항, 제13조의2, 제18조의3제1항 각 호 외의 부분 및 제2항·제3항, 제30조의2제1항, 제82조 및 제83조 본문 중 "해양수산부장관"을 각각 "국토해양부장관"으로 한다.

〈689〉 해양사고의조사및심판에관한법률 일부개정법률 일부를 다

음과 같이 개정한다.

제9조의2제1항 중 "해양수산부장관"을 각각 "국토해양부장관"으로 한다.

〈690〉 부터 〈760〉 까지 생략

제7조 생략

부칙 〈제9854호, 2009. 12. 29.〉

이 법은 공포한 날부터 시행한다.

부칙 〈제10802호, 2011. 6. 15.〉

제1조(시행일) 이 법은 공포 후 6개월이 경과한 날부터 시행한다. 다만, 제9조제3항의 개정규정은 공포한 날부터 시행한다.

제2조(집행유예에 관한 적용례) 제6조의2의 개정규정은 이 법 시행 후 최초로 재결을 고지하는 사건부터 적용한다.

제3조(이해관계인의 심판참여에 관한 적용례) 제44조의2의 개정규정은 이 법 시행 후 최초로 심판이 청구되는 사건부터 적용한다.

부칙 〈제11690호, 2013. 3. 23.〉 (정부조직법)

제1조(시행일) ① 이 법은 공포한 날부터 시행한다.

② 생략

제2조 부터 제5조까지 생략

제6조(다른 법률의 개정) ①부터 〈663〉까지 생략

〈664〉 해양사고의 조사 및 심판에 관한 법률 일부를 다음과 같이 개정한다.

제2조제1호의2ㆍ제4호, 제4조제3항, 제18조의3제8항, 제20조의2, 제28조제1항제3호, 제30조제4항, 제31조의2제1항, 제41조의2제2항, 제44조의2제4항, 제81조의2 후단 및 제88조 중 "국토해양부령"을 각각 "해양수산부령"으로 한다.

제3조, 제9조제2항ㆍ제3항, 제9조의2제1항, 제13조의2, 제18조의3제3항, 제30조의2제1항, 제82조 및 제83조 본문 중 "국토해양부장관"을 각각 "해양수산부장관"으로 한다.

〈665〉부터 〈710〉까지 생략

제7조 생략

부칙 〈제12547호, 2014. 3. 24.〉

제1조(시행일) 이 법은 공포 후 6개월이 경과한 날부터 시행한다. 다만, 제31조제1항의 개정규정은 공포한 날부터 시행하고, 제13조제1항의 개정규정은 이 법 공포 후 3개월이 경과한 날부터 시행한다.

제2조(항해자료기록장치 정보 보존에 관한 적용례) 제35조제4항의 개정규정은 이 법 시행 후 발생한 해양사고부터 적용한다.

제3조(심판원장 및 심판관에 관한 경과조치) 제13조제1항의 개정규정 시행 당시 종전의 규정에 따라 심판원장 또는 심판관으로 재직 중인 별정직공무원은 같은 개정규정 시행일에 일반직공무원 중 「국가공무원법」 제26조의5에 따른 임기제공무원으로 임용된 것으로 본다. 이 경우 임기제공무원으로서의 근무기간은 별정직공무원으로 임용될 당시의 임용기간 중 남은 기간으로 한다.

제4조(증거보전에 관한 경과조치) 이 법 시행 전에 발생한 해양사고에 대해서는 제35조제3항의 개정규정에도 불구하고 종전의 규정에 따른다.

부칙 〈제12660호, 2014. 5. 21.〉

이 법은 공포한 날부터 시행한다.

부칙 〈제16164호, 2018. 12. 31.〉

이 법은 공포 후 6개월이 경과한 날부터 시행한다.

부칙 〈제17059호, 2020. 2. 18.〉

이 법은 공포한 날부터 시행한다.

부칙 〈제17689호, 2020. 12. 22.〉 (국가경찰과 자치경찰의 조직 및 운영에 관한 법률)

제1조(시행일) 이 법은 2021년 1월 1일부터 시행한다.

제2조 부터 제6조까지 생략

제7조(다른 법률의 개정) ①부터 〈52〉까지 생략

〈53〉 해양사고의 조사 및 심판에 관한 법률 일부를 다음과 같이 개정한다.

제31조제1항 중 “국가경찰공무원”을 “경찰공무원”으로 한다.

제8조 생략

부칙 〈제19573호, 2023. 7. 25.〉 (해상교통안전법)

제1조(시행일) 이 법은 공포 후 6개월이 경과한 날부터 시행한다. 〈단서 생략〉

제2조 부터 제9조까지 생략

제10조(다른 법률의 개정) ①부터 ⑮까지 생략

⑯ 해양사고의 조사 및 심판에 관한 법률 일부를 다음과 같이 개정한다. 〈개정 2023. 9. 14.〉

제35조제3항제2호 중 "「해사안전법」"을 "「해상교통안전법」"으로, "제51조"를 "제53조"로 한다.

⑰ 및 ⑱ 생략

제11조 생략

부칙 〈제19725호, 2023. 9. 14.〉

제1조(시행일) 이 법은 공포한 날부터 시행한다. 다만, 부칙 제4조는 2024년 1월 26일부터 시행한다.

제2조(지방심판원의 심판관을 지방심판원장으로 임명하는 경우 지방심판원장의 자격에 관한 경과조치) 이 법 시행 당시 지방심판원의 심판관으로 재직 중인 사람을 이 법 시행 이후에 지방심판원장으로 임명하는 경우 지방심판원장의 자격에 관하여는 제9조의 개정규정에도 불구하고 종전의 제9조제3항에 따른다.

제3조(심판변론인의 자격에 관한 경과조치) 이 법 시행 전에 종전의 제9조의2제3항제3호에 해당하여 제28조제2항에 따라 등록한 심판변론인은 제9조의2제3항제3호의 개정규정에 따른 심판변론인의 자

격을 갖춘 것으로 본다.

제4조(다른 법률의 개정) 법률 제19573호 해상교통안전법 일부를 다음과 같이 개정한다.

부칙 제10조제16항을 다음과 같이 한다.

⑯ 해양사고의 조사 및 심판에 관한 법률 일부를 다음과 같이 개정한다.

제35조제3항제2호 중 "「해사안전법」"을 "「해상교통안전법」"으로, "제51조"를 "제53조"로 한다.

해양사고의 조사 및 심판에 관한 법률 시행령
(약칭 : 해양사고심판법 시행령)

[시행 2024. 12. 27.] [대통령령 제35089호, 2024. 12. 24., 타법개정]

제39조의2(관계 서류 및 증거물의 열람 · 복사)
제40조(제1회 심판기일 전 검사에의 참관)
제41조(심판정)
제42조(증거조사)
제43조(출석할 수 없을 때의 신고 등)
제44조(대리인의 심판정 출석)
제45조(심판장의 신문 등)
제46조(증인이 심판원 안에 있을 경우의 신문)
제47조(선서의 방식)
제48조(개별신문과 대질)
제49조(선서의 예외규정)
제50조(수명심판관의 증거조사)
제51조(심판개정 후 장기간 개정하지 아니한 경우의 심판절차 갱신 등)
제52조(심판개정 후 심판관 등이 경질된 경우의 심판절차 갱신)
제53조(비상임심판관 참여의 결정)
제54조(조사관과 해양사고관련자 등의 의견 진술)
제55조(최후진술)
제56조(변론의 재개)
제57조(심판청구 기각의 재결)
제58조(재결서)
제59조(재결서의 기재사항)
제60조(재결의 고지)
제61조(재결서 등본의 청구)
제62조(결정)
제63조(결정을 하기 위한 조사)
제64조(결정의 고지)
제65조(준용규정)
제6장 중앙심판원의 심판절차
제66조(제2심 청구서의 우편 발송)
제67조(서류 및 증거물의 송부 등)
제68조(제2심 청구의 취하방식)
제69조(원심재결의 인용)
제70조(심판절차 규정의 준용)
제71조(이의신청의 결정에 관한 준용규정)
제7장 보칙

**개정 예정 법률 밑줄 별도 표시.

해양사고의 조사 및 심판에 관한 법률 시행령
(약칭 : 해양사고심판법 시행령)

[시행 2024. 12. 27.] [대통령령 제35089호, 2024. 12. 24., 타법개정]

제1장 총칙

제1조(목적) 이 영은 「해양사고의 조사 및 심판에 관한 법률」에서 위임된 사항과 그 시행에 필요한 사항을 규정함을 목적으로 한다.

[전문개정 2012. 10. 29.]

제1조의2(선박의 범위) 「해양사고의 조사 및 심판에 관한 법률」(이하 “법”이라 한다) 제2조제2호에서 “대통령령으로 정하는 것”이란 다음 각 호의 것을 말한다. 다만, 다른 선박과 관련 없이 단독으로 해양사고를 일으킨 군용 선박 및 경찰용선박, 그 상호간에 해양사고를 일으킨 군용 선박 및 경찰용선박, 그 밖에 해양수산부장관이 정하여 고시하는 수상레저기구는 제외한다. 〈개정 2013. 3. 23., 2020. 12. 31.〉

1. 동력선(기관을 사용하여 추진하는 선박을 말하며, 선체의 외부에 추진기관을 붙이거나 분리할 수 있는 선박을 포함한다)

2. 무동력선(범선과 부선을 포함한다)

3. 수면비행선박(표면효과 작용을 이용하여 수면에 근접하여 비행하는 선박을 말한다)

4. 수상에서 이동할 수 있는 항공기

[전문개정 2012. 10. 29.]

제2조(지방해양안전심판원의 명칭·위치 및 관할구역 등) ① 삭제 〈2014. 9. 18.〉

② 법 제8조제1항에 따른 지방해양안전심판원(이하 "지방심판원"이라 한다)의 명칭·위치 및 관할구역과 법 제24조제5항에 따른 사건의 관할은 별표 1과 같다.

[전문개정 2012. 10. 29.]

[제목개정 2014. 9. 18.]

제3조(관할 이전의 신청) ① 법 제26조제1항에 따라 관할 이전을 신청하려는 조사관 또는 해양사고관련자는 법 제8조제1항에 따른 중앙해양안전심판원(이하 "중앙심판원"이라 한다) 또는 관할 지방심판원에 관할 이전 신청서를 제출하여야 한다. 〈개정 2014. 9. 18.〉

② 제1항에 따른 관할 이전 신청은 다음 각 호의 어느 하나에 해당하는 경우에는 하지 못한다.

1. 심판정(審判廷)에서 해당 사건에 대하여 이미 진술한 경우

2. 법 제39조의2제1항에 따라 심판불필요처분(審判不必要處分)이 올바른지에 대한 심판이 신청된 경우

[전문개정 2012. 10. 29.]

제4조(관할 이전 신청에 대한 처리) ① 중앙심판원은 제3조제1항에 따라 관할 이전 신청서를 받았을 때에는 지체 없이 관할 지방심판

원에 보내야 한다.

② 제1항과 제3조제1항에 따라 관할 이전 신청서를 받은 지방심판원은 지체 없이 의견을 붙여 중앙심판원에 보내야 한다.

③ 지방심판원은 제2항에 따라 관할 이전 신청서를 중앙심판원에 보낸 후에는 중앙심판원의 결정이 있을 때까지 심판의 절차를 중지하고 그 사실을 조사관 및 해양사고관련자에게 알려야 한다.

[전문개정 2012. 10. 29.]

제5조(중앙심판원의 결정) ① 중앙심판원은 관할 이전 신청이 타당하다고 인정될 때에는 그 사건을 관할할 지방심판원을 지정하여 관할 이전 결정을 하여야 한다.

② 중앙심판원은 제1항에 따른 경우를 제외하고는 신청기각 결정을 하여야 한다.

[전문개정 2012. 10. 29.]

제6조(결정서 송달과 통지) ① 중앙심판원은 제5조에 따른 결정을 하였을 때에는 결정서의 정본(正本)을 원(原) 관할 지방심판원을 거쳐 그 신청인에게 송달하여야 한다.

② 중앙심판원은 제5조제1항에 따른 관할 이전 결정을 하였을 때에는 지체 없이 새로 그 사건을 관할하는 지방심판원에 알려야 한다.

③ 원 관할 지방심판원은 제5조에 따른 결정이 있을 때에는 그 사실을 관할 이전의 신청을 한 자 외의 조사관 및 해양사고관련자에게 알려야 한다.

[전문개정 2012. 10. 29.]

제7조(서류 및 증거물의 발송) ① 제5조제1항에 따른 관할 이전 결

정이 있을 때에는 원 관할 지방심판원은 관련 서류 및 증거물을 지체 없이 새로 그 사건을 관할하는 지방심판원의 수석조사관에게 보내야 한다.

② 지방심판원의 수석조사관은 제1항에 따른 서류를 받았을 때에는 그 내용을 검토한 후 5일 이내에 소속 지방심판원의 심판부로 이송하여야 한다.

[전문개정 2012. 10. 29.]

제7조의2(해기사 또는 도선사에 대한 징계 결정의 기준) 법 제6조제1항에 따라 해양안전심판원(이하 "심판원"이라 한다)이 정하는 해기사(海技士) 또는 도선사(導船士)에 대한 징계는 그 해양사고에서의 직무상 고의 또는 과실의 정도, 해양사고로 인한 피해의 경중(輕重), 해양사고 발생 당시의 상황 및 그 밖의 사정을 종합적으로 판단하여 공정하게 하여야 한다.

[전문개정 2012. 10. 29.]

제7조의3(직무교육의 위탁 교육기관) 법 제6조의3제2항에서 "대통령령으로 정하는 위탁 교육기관"이란 다음 각 호의 기관을 말한다. 〈개정 2021. 9. 7.〉

1. 「한국해양수산연수원법」에 따른 한국해양수산연수원

2. 「한국해양교통안전공단법」에 따른 한국해양교통안전공단

[본조신설 2011. 12. 8.]

[종전 제7조의3은 제7조의4로 이동 〈2011. 12. 8.〉]

제7조의4(교육기관) 법 제9조의2제3항제3호에서 "대통령령으로 정하는 교육기관"이란 다음 각 호의 어느 하나에 해당하는 교육기관을

말한다.

1. 「고등교육법」 제2조제1호부터 제4호까지의 학교
2. 「한국해양수산연수원법」에 따른 한국해양수산연수원

[전문개정 2012. 10. 29.]

제2장 비상임심판관 〈개정 1999. 8. 23.〉

제8조(정원) 각급 심판원의 비상임심판관의 수는 20명 이내로 한다.

[전문개정 2012. 10. 29.]

제9조(위촉) ① 각급 심판원장이 법 제14조제1항에 따라 비상임심판관을 위촉할 때에는 법 제10조에 해당하는 사람을 위촉해서는 아니 된다.

② 삭제 〈2019. 6. 25.〉

[전문개정 2012. 10. 29.]

제10조(비상임심판관의 자격) 비상임심판관은 다음 각 호의 어느 하나에 해당하는 분야에 관하여 학식과 경험이 있는 사람 중에서 위촉한다.

1. 선박의 운항 또는 선박용 기관의 운전
2. 어로(漁撈) 기술
3. 조선(造船) · 조기(造機) · 의장(艤裝)
4. 해사(海事)의 검정 또는 항만 하역
5. 선박의 구조
6. 항만의 축조
7. 기상(氣象) · 해상(海象)

8. 선박통신

9. 해사 관련 법령

10. 선박 운영

11. 전자기기

12. 수로도서지(水路圖書誌) 또는 항로표지

13. 화물의 특성 또는 적재

14. 해양오염 방지

15. 그 밖에 해당 사건과 관련된 특수한 분야

[전문개정 2012. 10. 29.]

第11條(비상임심판관의 결원 등에 대한 조치) 중앙해양안전심판원장(이하 "중앙심판원장"이라 한다)은 각급 심판원의 비상임심판관에 결원이 생겼거나 그 밖의 부득이한 사유로 비상임심판관이 직무를 수행할 수 없을 때에는 다른 심판원의 비상임심판관으로 하여금 그 직무를 수행하게 할 수 있다. 〈개정 2021. 9. 7.〉

[전문개정 2012. 10. 29.]

제3장 제척ㆍ기피ㆍ회피

第12條(제척 결정) 심판원은 심판관이나 비상임심판관에게 제척(除斥)의 사유가 있을 때에는 직권으로 또는 당사자의 신청에 의하여 제척 결정을 한다.

[전문개정 2012. 10. 29.]

第13條(기피신청의 절차) 기피신청은 이유를 분명하게 밝힌 서면으로 해당 심판관 또는 비상임심판관이 소속된 심판원에 하여야 한다.

[전문개정 2012. 10. 29.]

제14조(의견서) 기피신청을 당한 심판관 또는 비상임심판관은 그 신청에 대하여 의견서를 지체 없이 제출하여야 한다.

[전문개정 2012. 10. 29.]

제15조(기피신청에 대한 결정) ① 심판원은 제13조에 따른 기피신청이 이유 있다고 인정할 때에는 해당 심판관 또는 비상임심판관에 대한 제척 결정을 하여야 한다. 다만, 기피신청을 당한 심판관 또는 비상임심판관이 기피신청이 이유 있다고 스스로 인정할 때에는 제척 결정이 있었던 것으로 본다.

② 심판원은 기피신청이 이유 없다고 인정할 때에는 신청기각 결정을 하여야 한다.

③ 기피신청을 당한 심판관은 제1항과 제2항의 결정에 관여하지 못한다.

[전문개정 2012. 10. 29.]

제16조(회피신청) 회피신청은 이유를 분명하게 밝힌 서면으로 심판관이나 비상임심판관이 소속된 심판원에 하여야 한다.

[전문개정 2012. 10. 29.]

제17조(심판절차의 정지) 제척 · 기피 · 회피의 신청이 있을 때에는 심판원은 특히 긴급한 경우 외에는 심판절차를 정지하여야 한다.

[전문개정 2012. 10. 29.]

제3장의2 조사관 〈신설 1988. 4. 20., 1999. 8. 23.〉

제17조의2(지방심판원 조사관의 자격) 법 제16조의2제2항 단서에

따라 지방심판원의 조사관이 될 수 있는 사람은 다음 각 호의 어느 하나에 해당하는 사람으로 한다.

1. 1급 항해사, 1급 기관사 또는 1급 운항사의 해기사면허를 가진 사람

2. 2급 항해사, 2급 기관사 또는 2급 운항사의 해기사면허를 가진 사람으로서 다음 각 목의 경력 연수(年數)를 합산하여 5년 이상인 사람

가. 7급 이상의 해양수산직 공무원으로 근무한 경력

나. 「선박안전법」 제77조제1항에 따라 선박검사원으로 근무한 경력

다. 제7조의4에 따른 교육기관 또는 「초·중등교육법 시행령」 제91조제1항에 따른 특성화고등학교(수산 또는 해양계열 고등학교만 해당한다)에서 선박의 운항 또는 선박용 기관의 운전에 관한 학과를 교수한 경력

[전문개정 2012. 10. 29.]

제17조의3(조사관의 사무) 법 제17조에서 "대통령령으로 정하는 사무"란 다음 각 호의 사무를 말한다.

1. 해양사고 통계의 종합·분석

2. 해양사고 사건의 현장검증

3. 해양사고에 대한 국제공조

4. 해양사고 법규자료의 수집에 관한 사항

[전문개정 2012. 10. 29.]

제17조의4(공개제한 정보의 범위) 법 제18조의3제7항 단서에서 "대

통령령으로 정하는 정보"란 다음 각 호의 어느 하나에 해당하는 정보를 말한다.

1. 조사대상자의 진술

2. 선박운항과 관련된 통신기록(음성 및 번역물 등을 포함한다)

3. 조사대상자의 사생활 정보(의학적인 정보를 포함한다)

4. 항해자료기록장치 또는 이와 유사한 선박운항기록장치 등에 기록된 정보

5. 조사과정에서 제출된 도면 및 선박검사증서

[본조신설 2011. 12. 8.]

제17조의5(공개제한 정보의 예외적 공개) 법 제18조의3제7항에 따라 제17조의4 각 호의 정보를 공개하려면 다음 각 호의 기준을 모두 갖추어야 한다.

1. 해당 공개제한 정보가 해양사고 또는 준해양사고의 원인규명에 필수적일 것

2. 법 제18조의3제3항에 따른 조사보고서에 포함하여 공개할 것

[본조신설 2011. 12. 8.]

제4장 심판변론인 〈개정 1999. 8. 23.〉

제18조 삭제 〈1999. 8. 23.〉

제19조 삭제 〈1999. 8. 23.〉

제20조 삭제 〈2019. 6. 25.〉

제20조의2 삭제 〈1999. 8. 23.〉

제21조 삭제 〈2019. 6. 25.〉

제22조(특별심판변론인의 신청) 법 제27조제3항 단서에 따라 허가를 받으려는 사람은 심판원에 서면으로 신청하여야 한다. 이 경우 그 심판원은 이에 대한 허가 여부를 결정하여야 한다.

[전문개정 2012. 10. 29.]

제23조(심판변론인의 선임시기) 해양사고관련자나 이해관계인은 심판정에서의 변론이 끝나기 전까지는 언제든지 심판변론인을 선임할 수 있다.

[전문개정 2012. 10. 29.]

제24조(심급과 심판변론인의 선임) 해양사고관련자나 이해관계인은 법 제27조에 따라 심판변론인을 선임하려면 심급마다 선임하여야 하며, 심판변론인과 연명으로 날인한 서면을 심판원에 제출하여야 한다.

[전문개정 2012. 10. 29.]

제25조(심판변론인의 등록) ① 법 제28조제2항에 따라 심판변론인으로 등록하려는 사람은 해양수산부령으로 정하는 등록신청서에 다음 각 호의 서류를 첨부하여 중앙심판원장에게 제출해야 한다.

1. 법 제28조제1항에 따른 자격이 있음을 증명하는 서류
2. 상반신 사진

② 중앙심판원장은 법 제28조제2항에 따라 등록한 사람에게 해양수산부령으로 정하는 바에 따라 심판변론인 등록증을 발급해야 한다.

③ 제1항 및 제2항에서 규정한 사항 외에 심판변론인 등록에 필요한 사항은 해양수산부령으로 정한다.

[전문개정 2019. 6. 25.]

제26조(심판변론인의 등록의 취소) ① 중앙심판원장은 법 제29조의2제3호의 사유로 심판변론인의 등록을 취소하려면 중앙심판원의 결정을 받아야 한다.

② 중앙심판원장은 법 제29조의2에 따라 심판변론인의 등록을 취소했을 때에는 지체 없이 그 취소 사유를 구체적으로 밝혀 등록이 취소되는 사람(같은 조 제4호에 해당하는 사람은 제외한다)에게 알려야 한다.

[전문개정 2019. 6. 25.]

제26조의2(협회설립 허가의 신청등) ① 법 제30조의2에 따라 심판변론인협회(이하 "협회"라 한다)를 설립하려는 심판변론인은 허가신청서에 다음 각 호의 사항을 적은 서류와 정관을 첨부하여 해양수산부장관에게 제출하여야 한다. 〈개정 2013. 3. 23.〉

1. 사무소의 소재지
2. 대표자 및 임원의 성명·주소

② 협회의 정관에는 다음 각 호의 사항이 포함되어야 한다.

1. 목적
2. 명칭
3. 사무소의 소재지
4. 총회와 이사회에 관한 사항
5. 임원과 직원에 관한 사항
6. 업무에 관한 사항
7. 자산과 회계에 관한 사항
8. 심판변론인의 보수기준에 관한 사항

9. 지회(支會)의 설치에 관한 사항

10. 회원의 권리와 의무에 관한 사항

[전문개정 2012. 10. 29.]

제26조의3(협회의 사업) 법 제30조의3제4호에서 "대통령령으로 정하는 사업"이란 다음 각 호의 사업을 말한다.

1. 해양안전심판 상담
2. 해양사고의 조사 · 연구
3. 해양안전심판 관계 법령의 연구
4. 해양안전심판 정보의 수집 · 정비
5. 심판변론인의 연수교육
6. 중앙심판원장이 위탁하는 교육

[전문개정 2012. 10. 29.]

제26조의4 삭제 〈1999. 8. 23.〉

제5장 지방심판원의 심판절차

제27조(조사관의 질문조서 · 검사조서 등의 작성) ① 조사관은 법 제37조제1항제1호 또는 제2호에 따라 해양사고와 관계있는 사람에게 질문하거나 선박이나 그 밖의 장소를 검사하였을 때에는 질문조서 또는 검사조서를 작성하고, 조서 내용을 질문받은 사람 또는 선박이나 그 밖의 장소의 관리인에게 읽어 들려 준 후 이들과 함께 해당 조서에 서명날인하여야 한다. 다만, 이들이 서명날인할 수 없을 때에는 조사관은 그 사유를 덧붙여 적고 조서에 서명날인하여야 한다.

② 조사관은 법 제37조제1항제5호에 따라 증언 · 감정 또는 번역

을 시켰을 때에는 증언서 · 감정서 또는 번역서를 작성하여야 한다.

[전문개정 2012. 10. 29.]

제28조 삭제 〈1999. 8. 23.〉

제29조(심판청구서) 법 제38조제1항 본문에 따라 심판을 청구할 때에는 심판청구서에 다음 각 호의 사항을 적어야 한다. 〈개정 2014. 9. 18.〉

1. 사건명
2. 해양사고관련자의 성명 · 생년월일 · 주소
3. 해양사고관련자의 당시 직명(職名)
4. 가지고 있는 면허의 종류
5. 해양사고의 개요

[전문개정 2012. 10. 29.]

제30조(단독심판의 청구) 조사관은 사건이 제35조 각 호의 어느 하나에 해당하여 단독심판으로 하는 것이 적당하다고 인정할 때에는 심판청구서에 그 뜻을 적어 청구하여야 한다.

[전문개정 2012. 10. 29.]

제31조(비상임심판관의 참여) 조사관은 사건의 심판에 비상임심판관의 참여가 필요하다고 인정할 때에는 심판청구서에 그 뜻을 적어 청구하여야 한다.

[전문개정 2012. 10. 29.]

제31조의2(약식심판의 청구 사건) 법 제38조의2제1항제3호에서 "대통령령으로 정하는 기준 이하의 오염물질"이란 「해양환경관리법 시행령」 별표 6에 따른 오염물질로서 해당 별표에서 정한 최저기준

이하로 배출되는 오염물질을 말한다.

[본조신설 2011. 12. 8.]

제32조(심판청구의 통지) 조사관은 법 제39조제1항에 따라 해양사고관련자를 지정하여 지방심판원에 심판청구를 한 경우에는 같은 조 제2항에 따라 해양사고관련자에게 다음 각 호의 사항을 서면으로 알려야 한다. 〈개정 2014. 9. 18., 2021. 9. 7.〉

1. 심판청구를 한 심판원의 명칭

2. 사건명 및 사실의 개요

3. 해양사고관련자의 성명 · 생년월일 · 주소 및 당시의 직명 · 직업과 가지고 있는 면허의 종류

4. 심판청구를 한 날짜

5. 조사관의 성명

[전문개정 2012. 10. 29.]

[제목개정 2021. 9. 7.]

제32조의2(이해관계인의 심판신청) ① 이해관계인이 법 제39조의2제1항에 따라 심판을 신청하는 경우에는 심판불필요처분사건 심판신청서를 관할 지방심판원에 제출하여야 한다.

② 지방심판원은 제1항에 따른 신청이 있는 경우에는 해당 지방심판원의 수석조사관에게 그 신청서를 보내야 한다.

③ 제2항에 따라 신청서를 받은 지방심판원의 수석조사관은 5일 이내에 그 신청서에 의견서를 첨부하여 지방심판원에 제출하여야 한다.

[전문개정 2012. 10. 29.]

제32조의3(심판청구서의 변경 등) ① 조사관은 법 제49조의2제1항에 따라 심판청구서에 적힌 사건명을 변경하거나 해양사고 사실 또는 해양사고관련자를 추가·철회 또는 변경하려면 그 내용과 사유를 구체적으로 적은 서면을 관할 지방심판원에 제출하여야 한다.

② 심판장은 법 제49조의2제2항에 따라 조사관에게 해양사고관련자의 추가·철회 또는 변경을 요구할 때에는 그 내용과 사유를 구체적으로 적은 서면으로 알리고, 그 서면을 받은 조사관은 특별한 사유가 없으면 요구에 따라야 한다.

[전문개정 2012. 10. 29.]

제32조의4(심판청구의 취하) ① 법 제49조의3 본문에서 "대통령령으로 정하는 경우"란 다음 각 호의 어느 하나에 해당하는 경우를 말한다.

1. 심판청구 후 사건에 대하여 심판권이 없다는 사실을 알게 된 경우

2. 심판청구 후 사건에 대하여 심판청구가 법령을 위반하여 제기되었음을 알게 된 경우

3. 심판청구 후 사건에 대하여 법 제7조에 따라 심판할 수 없다는 사실을 알게 된 경우

② 법 제49조의3 본문에 따른 심판청구의 취하는 서면으로 하여야 한다. 다만, 심판정에서는 말로 취하할 수 있다.

③ 지방심판원은 조사관이 제2항에 따라 심판청구를 취하한 경우에는 결정으로 심판청구를 각하하여야 한다.

[전문개정 2012. 10. 29.]

제33조(해양사고관련자의 성명·직업 등이 명백하지 아니한 경우) 제29조 및 제32조에 따라 해양사고관련자의 성명·생년월일·직명, 가지고 있는 면허의 종류 또는 직업을 적어야 할 경우에 이들 사항이 명백하지 아니하면 그 사람을 특정할 수 있는 사항을 적는 것으로 갈음할 수 있다. 〈개정 2014. 9. 18.〉

[전문개정 2012. 10. 29.]

제34조 삭제 〈1999. 8. 23.〉

제35조(단독심판의 범위) 법 제22조제1항 단서에서 "대통령령으로 정하는 경미한 사건"이란 다음 각 호의 사건을 말한다. 다만, 여객선에 관한 사건은 제외한다.

1. 해양사고의 원인이 단순하고 분명한 사건
2. 선박이나 그 밖의 시설의 손상이 중대하지 아니한 사건

[전문개정 2012. 10. 29.]

제36조(심판부 구성의 변경) 법 제22조제1항 단서에 따라 1명의 심판관이 심판하는 경우라도 심판관은 해당 사건이 1명의 심판관으로 심판하기에 부적당하다고 인정할 때에는 이를 합의체에서 심판할 것을 결정할 수 있다.

[전문개정 2012. 10. 29.]

제37조(심판기일의 지정) 심판청구가 있을 때에는 심판장은 심판기일을 정하여야 한다.

[전문개정 2012. 10. 29.]

제38조(심판기일의 변경신청) ① 법 제43조제4항에 따른 심판기일의 변경신청은 이유를 구체적으로 적은 서면으로 하여야 한다.

② 심판장은 제1항의 신청이 이유 있다고 인정할 때에는 새로 심판기일을 정하여야 하며, 이유 없다고 인정할 때에는 신청기각 결정을 하여야 한다.

③ 제2항에 따른 신청기각 결정에 대해서는 결정서를 송달하지 아니한다.

[전문개정 2012. 10. 29.]

제39조(심판장의 심판기일 변경) 심판장은 직권으로 심판기일을 변경할 수 있다.

제39조의2(관계 서류 및 증거물의 열람·복사) ① 법 제44조의4제1항 전단에 따라 심판조서, 그 밖의 관계 서류 또는 증거물(이하 "심판조서등"이라 한다)의 열람 또는 복사를 신청하려는 자는 해양수산부령으로 정하는 열람 또는 복사 신청서를 지방심판원에 제출해야 한다.

② 지방심판원은 법 제44조의4제1항 후단에 따라 심판조서등의 열람·복사를 하게 하려는 경우에는 그 일시, 장소, 대상 및 방법 등을 지정할 수 있다. 이 경우 심판조서등을 열람·복사하는 자는 그 지정내용에 따라 심판조서등을 열람 또는 복사해야 한다.

③ 심판조서등을 복사하는 자는 필사하거나 자신의 장비를 이용하여 복사할 스 있다. 다만, 지방심판원의 허가를 받은 경우에는 지방심판원 안에 설치된 장비를 이용하여 복사할 수 있다.

④ 심판변론인은 지방심판원의 허가를 받아 자기의 사용인이나 사무원 등으로 하여금 심판조서등을 열람 또는 복사하게 할 수 있다.

⑤ 지방심판원은 법 제44조의4제3항에 따라 개인정보 보호조치를 하는 경우 해당 정보를 비실명(非實名)으로 표시하거나 그 밖의 적

절한 방법으로 제3자가 인식하지 못하도록 처리(이하 “비실명 처리”라 한다)해야 한다.

⑥ 지방심판원은 다음 각 호의 어느 하나에 해당하는 경우 심판조서등을 열람·복사하는 자에게 심판조서등의 열람·복사의 중지, 제한을 명하거나 그 밖의 적절한 조치를 할 수 있다. 〈개정 2021. 1. 5.〉

1. 심판조서등을 열람·복사하는 자가 제2항에 따른 지정내용을 위반한 경우

2. 심판조서등을 열람·복사하는 자가 심판조서등에 고쳐 쓰는 등 변경을 가하거나 그 밖의 방법으로 심판조서등을 손상시킨 경우

3. 심판조서등을 열람·복사하는 자가 심판조서등의 비실명 처리를 훼손하는 등 부정한 방법으로 개인정보를 취득하였거나 취득하려고 한 경우

4. 그 밖에 심판조서등이 멸실, 손상 또는 변질될 우려가 있는 경우

[본조신설 2019. 6. 25.]

제40조(제1회 심판기일 전 검사에의 참관) 심판원은 법 제48조제2항제1호에 따른 검사를 하려면 미리 그 뜻을 조사관·해양사고관련자 및 심판변론인에게 알려 참관할 기회를 주어야 한다. 〈개정 2021. 1. 5.〉

[전문개정 2012. 10. 29.]

[제목개정 2021. 1. 5.]

제41조(심판정) ① 심판기일에 하는 심판은 각급 심판원의 심판정에서 개정(開廷)한다. 다만, 합의체심판부는 중앙심판원장의 승인을, 단

독심판관은 소속 심판원장의 승인을 받아 해당 심판원의 심판정 외의 장소에서 개정할 수 있다.

② 심판정은 정수의 심판관·비상임심판관 및 서기가 참석하고 조사관이 출석하여 개정한다.

[전문개정 2012. 10. 29.]

제42조(증거조사) ① 심판기일에 하는 증거조사는 심판정에서 한다.

② 심판기일 외의 증거조사에 관하여는 제40조를 준용한다.

[전문개정 2012. 10. 29.]

제43조(출석할 수 없을 때의 신고 등) ① 해양사고관련자는 심판기일에 출석할 수 없을 때에는 지체 없이 그 사유를 구체적으로 밝혀 심판원에 신고하여야 한다.

② 심판원은 제1항에 따른 신고의 사유가 정당하다고 인정할 때에는 조사관의 의견을 들은 후 심판기일을 연기할 수 있다.

[전문개정 2012. 10. 29.]

제44조(대리인의 심판정 출석) ① 해양사고관련자 중 해기사 및 도선사(면허를 가지고 해당 직무를 수행한 사람만 해당한다) 외의 사람은 심판정에 대리인을 출석시킬 수 있다. 다만, 심판원은 필요하다고 인정할 때에는 본인의 심판정 출석을 명할 수 있다.

② 제1항에 따른 대리인은 위임장으로 그 자격을 증명하여야 한다.

[전문개정 2012. 10. 29.]

제45조(심판장의 신문 등) ① 심판관계인에 대한 신문(訊問)과 증거조사는 심판장이 한다.

② 배석심판관이나 조사관 및 심판변론인은 심판장에게 말한 후에

심판관계인을 신문할 수 있다.

[전문개정 2012. 10. 29.]

제46조(증인이 심판원 안에 있을 경우의 신문) 증인이 심판원 안에 있을 때에는 소환하지 아니하였더라도 그 증인을 신문할 수 있다.

[전문개정 2012. 10. 29.]

제47조(선서의 방식) ① 선서는 선서문으로 한다.

② 선서문에는 “양심에 따라 숨김과 보탬 없이 사실 그대로 말하고 만일 거짓이 있으면 위증의 벌을 받기로 맹세합니다”라고 적어야 한다.

③ 심판장은 증인으로 하여금 선서문을 낭독하고 서명날인하게 한다. 다만, 증인이 선서문을 낭독하지 못하거나 선서문에 서명하지 못하는 경우에는 참여한 서기로 하여금 대행하게 한다.

④ 선서는 일어서서 엄숙히 하여야 한다.

⑤ 심판장은 선서할 증인에게 선서 전에 위증의 벌을 경고하여야 한다.

[전문개정 2012. 10. 29.]

제48조(개별신문과 대질) ① 증인신문은 각 증인에 대하여 하여야 한다.

② 심판장은 심판정에 신문받지 아니하는 증인이 있을 때에는 퇴정을 명하여야 한다. 다만, 심판장이 필요하다고 인정할 때에는 그러하지 아니하다.

③ 심판장은 필요하다고 인정하면 증인과 다른 증인 또는 해양사고관련자를 대질신문(對質訊問)할 수 있다.

[전문개정 2012. 10. 29.]

제49조(선서의 예외규정) ① 해양사고관련자 중 해기사 및 도선사(면허를 가지고 해당 직무를 수행한 사람만 해당한다)의 배우자나 친족 또는 배우자나 친족이었던 사람에 대해서는 선서 없이 증인으로 신문할 수 있다.

② 선서의 취지를 이해하지 못하는 사람에 대해서는 선서를 시키지 아니하고 신문하여야 한다.

[전문개정 2012. 10. 29.]

제50조(수명심판관의 증거조사) ① 심판원은 소속 심판관 중 1명에게 필요한 사항의 증거조사를 명할 수 있다.

② 제1항에 따른 수명심판관(受命審判官)은 심판정에서 그 증거조사의 결과를 심판원에 보고하여야 한다.

③ 수명심판관이 하는 증거조사에 관하여는 심판원의 심판절차에 관한 규정을 준용한다.

[전문개정 2012. 10. 29.]

제51조(심판개정 후 장기간 개정하지 아니한 경우의 심판절차 갱신 등) ① 심판원은 심판개정(審判開廷) 후 장기간 심판을 열지 아니한 경우 필요하다고 인정할 때에는 심판절차를 갱신(更新)할 수 있다.

② 심판원은 심판개정 후 해양사고관련자가 추가로 지정된 경우에는 심판절차를 갱신하여야 한다.

[전문개정 2012. 10. 29.]

제52조(심판개정 후 심판관 등이 경질된 경우의 심판절차 갱신) 심판원은 심판개정 후 심판관이나 비상임심판관이 경질되었을 때에는

심판절차를 갱신하여야 한다. 다만, 재결(裁決)의 고지(告知)만을 하는 경우에는 그러하지 아니하다.

[전문개정 2012. 10. 29.]

第53조(비상임심판관 참여의 결정) ① 심판원은 심판개정 후에 해당 사건의 심판에 비상임심판관의 참여가 필요하다고 인정할 때에는 조사관의 의견을 들어 비상임심판관의 참여를 결정할 수 있다.

② 제1항의 경우 심판원은 심판절차를 갱신하여야 한다.

[전문개정 2012. 10. 29.]

第54조(조사관과 해양사고관련자 등의 의견 진술) ① 증거의 조사가 끝났을 때에는 조사관은 사실을 제시하고 그 해양사고의 원인에 대한 판단, 해양사고관련자에 대한 징계 또는 시정, 개선의 권고나 명령에 관하여 의견을 진술하여야 한다.

② 해양사고관련자와 심판변론인은 제1항에 따른 조사관의 진술에 대하여 의견을 진술할 수 있다.

[전문개정 2012. 10. 29.]

第55조(최후진술) 해양사고관련자와 심판변론인에게는 최후진술의 기회를 주어야 한다.

[전문개정 2012. 10. 29.]

第56조(변론의 재개) 심판원은 변론이 종결된 이후에도 필요하다고 인정되는 경우에는 결정으로써 변론을 재개할 수 있다.

[전문개정 2012. 10. 29.]

第57조(심판청구 기각의 재결) 심판원은 법 제24조제2항에 따라 해당 심판원이 심판해서는 아니 될 사건에 대해서는 재결로써 심판청구를 기각하여야 한다.

[전문개정 2012. 10. 29.]

제58조(재결서) ① 재결서는 심판을 한 심판관이 작성하고 심판에 참여한 비상임심판관과 함께 서명날인하여야 한다.

② 심판관이나 비상임심판관이 경질 등의 사유로 서명날인할 수 없을 때에는 다른 심판관이 그 사유를 적고 서명날인하여야 한다.

[전문개정 2012. 10. 29.]

제59조(재결서의 기재사항) 재결서에는 다음 각 호의 사항을 적어야 한다. 〈개정 2014. 9. 18.〉

1. 심판원의 명칭
2. 사건명
3. 해양사고관련자의 성명 · 생년월일 및 주소
4. 심판청구 취지
5. 심판에 관여한 조사관의 성명
6. 재결 주문
7. 재결 이유
8. 재결 연월일

[전문개정 2012. 10. 29.]

제60조(재결의 고지) 재결의 고지는 재결서를 낭독하거나 그 요지를 알려주는 방법으로 한다.

[전문개정 2012. 10. 29.]

제61조(재결서 등본의 청구) 해양사고관련자, 심판변론인 또는 이해관계인은 재결서 등본 발급을 청구할 수 있다.

[전문개정 2012. 10. 29.]

第62조(결정) 심판정에서의 청구에 의하여 결정을 할 때에는 심판관계인의 진술을 들어야 하며, 그 밖의 경우에는 심판관계인의 진술을 듣지 아니하고 결정을 할 수 있다.

[전문개정 2012. 10. 29.]

第63조(결정을 하기 위한 조사) ① 심판원은 결정을 하기 위하여 필요할 때에는 사실을 조사할 수 있다.

② 심판원은 소속 심판관 중 1명에게 제1항에 따른 사실조사를 하게 할 수 있다.

[전문개정 2012. 10. 29.]

第64조(결정의 고지) 결정의 고지를 심판정에서 하는 경우에는 결정서를 낭독하거나 그 요지를 알려주는 방법으로 하고, 그 외의 경우에는 결정서 정본을 송달하는 방법으로 한다.

[전문개정 2012. 10. 29.]

第65조(준용규정) 제62조부터 제64조까지에서 규정한 사항 외에 결정에 관하여는 재결에 관한 규정을 준용한다.

[전문개정 2012. 10. 29.]

제6장 중앙심판원의 심판절차

第66조(제2심 청구서의 우편 발송) 조사관과 해양사고관련자 또는 심판변론인이 재결서 정본을 송달받은 날부터 14일 이내에 법 제58조제3항에 따른 제2심 청구서를 등기우편으로 발송하였을 때에는 법 제59조제1항 및 제2항에서 정한 기간 내에 이를 제출한 것으로 본다.

[전문개정 2012. 10. 29.]

제67조(서류 및 증거물의 송부 등) ① 제2심의 청구가 있을 때에는 원심지방심판원은 지체 없이 일건서류(一件書類) 및 증거물을 그 심판원의 조사관에게 보내고, 조사관은 그 일건서류 및 증거물을 받은 날부터 7일 내에 중앙심판원의 조사관에게 보내야 한다.

② 중앙심판원의 조사관은 제1항에 따라 받은 일건서류 및 증거물을 받은 날부터 5일 내에 중앙심판원에 제출하여야 한다.

③ 제2심의 청구가 있을 때에는 원심지방심판원은 지체 없이 청구인 외의 해양사고관련자에게 그 사실을 알려야 한다.

[전문개정 2012. 10. 29.]

제68조(제2심 청구의 취하방식) ① 제2심 청구의 취하는 서면을 중앙심판원에 제출하는 것으로 한다. 다만, 심판정에서는 말로 취하할 수 있다.

② 제1항에 따른 취하는 제2심 청구를 한 자 전원(全員)이 하지 아니하면 효력이 없다.

③ 제2항에 따라 제2심 청구를 한 자 전원이 그 청구를 취하하였을 때에는 중앙심판원은 결정으로 제2심의 청구를 각하하여야 한다.

[전문개정 2012. 10. 29.]

제69조(원심재결의 인용) 제2심의 재결에는 원심재결에 적은 사실과 증거를 인용할 수 있다.

[전문개정 2012. 10. 29.]

제70조(심판절차 규정의 준용) 제66조부터 제69조까지에서 규정한

사항 외에 중앙심판원의 심판절차에 관하여는 지방심판원의 심판절차에 관한 규정을 준용한다.

[전문개정 2012. 10. 29.]

제71조(이의신청의 결정에 관한 준용규정) 법 제7장의 규정 외에 이의신청에 대한 결정에 관하여는 제62조부터 제65조까지의 규정을 준용한다.

[전문개정 2012. 10. 29.]

제7장 보칙

제72조 삭제 〈2002. 2. 4.〉

제72조의2(재결의 집행시기) 법 제78조에 따른 재결의 집행시기는 다음 각 호와 같다.

1. 지방심판원 재결의 경우: 법 제59조제1항에 따른 제2심의 청구기간이 지났거나 법 제62조에 따른 기각재결서 또는 제68조제3항에 따른 각하 결정서의 정본을 송달받은 때

2. 중앙심판원 재결의 경우: 재결을 고지한 때

[전문개정 2012. 10. 29.]

제73조 삭제 〈2019. 6. 25.〉

제74조(조서와 관련한 관계인의 청구에 대한 조치) 심판정에서 한 심판관계인의 진술을 수록한 조서에 대하여 진술자가 청구할 때에는 심판장은 서기로 하여금 그 진술에 관한 부분을 읽어 들려주고 증감 또는 변경 신청이 있을 때에는 그 사실을 조서에 적게 하여야 한다.

[전문개정 2012. 10. 29.]

제75조(통지 등을 받을 장소의 신고) ① 해양사고관련자, 심판변론인 또는 대리인은 법 및 이 영에 따른 통지나 서류의 송달을 받을 장소를 해당 심판원의 소재지에 정하고 이를 심판원에 신고할 수 있다. 〈개정 2021. 9. 7.〉

② 제1항에 따른 신고가 없을 때에는 해양사고관련자, 심판변론인 또는 대리인의 주소로 통지하거나 서류를 송달하여야 한다.

③ 제1항에 따른 신고는 심급마다 서면으로 하여야 한다.

[전문개정 2012. 10. 29.]

[제목개정 2021. 9. 7.]

제76조(우편에 의한 서류의 송달) ① 법 제56조의2에 따라 서기는 해양사고관련자, 심판변론인 또는 대리인에 대한 통지나 서류의 송달을 등기우편으로 할 수 있다. 〈개정 2021. 9. 7.〉

② 제1항에 따라 등기우편으로 송달하였을 때에는 발송한 날부터 5일이 지난 날에 송달된 것으로 본다. 다만, 법 제43조제2항 · 제3항, 제44조 및 제56조의 경우에는 그러하지 아니하다.

[전문개정 2012. 10. 29.]

제77조(공시송달) ① 주소가 불분명한 자 또는 법 제43조제2항 · 제3항, 제44조 및 제56조에 따른 통지 등의 대상자로서 등기우편으로 통지나 서류의 송달을 받지 않는 자에게 통지나 서류의 송달을 해야 할 경우에는 그 내용을 관보에 싣는 것으로 통지나 서류의 송달을 갈음할 수 있다. 〈개정 2021. 9. 7.〉

② 제1항의 경우에는 관보에 실린 날부터 14일이 지난 날에 통지

나 서류의 송달이 된 것으로 본다. 〈개정 2021. 9. 7.〉

[전문개정 2012. 10. 29.]

제78조(기간의 계산) ① 일, 월 또는 연을 단위로 기간을 계산할 때에는 첫날을 산입하지 아니한다. 다만, 법 제38조제1항 단서의 경우와 업무정지기간을 계산하는 경우에는 첫날을 산입한다.

② 기간의 말일이 공휴일일 때에는 기간은 그 다음 날로 끝난다. 다만, 법 제38조제1항 단서의 경우와 업무정지기간을 계산하는 경우에는 해당 공휴일에 끝난다.

③ 업무정지기간은 해당 면허증을 직접 제출하였을 때에는 제출한 날부터 기산(起算)하고, 우편 등으로 제출하였을 때에는 발송일부터 기산한다. 다만, 발송일을 확인할 수 없을 때에는 도달일부터 기산하며, 재결 확정 이전에 제출하였을 때에는 그 재결 확정일부터 기산한다.

[전문개정 2012. 10. 29.]

제79조(증인 등의 비용 지급 등) ① 법 제85조에 따라 증인, 감정인, 통역인 또는 번역인에게 지급할 여비는 「공무원 여비 규정」 별표 2 제2호에서 정하는 지급기준에 따른다.

② 제1항의 여비의 지급에 관하여는 이 영에서 규정한 사항 외에는 「공무원 여비 규정」 제4조, 제5조 및 제16조제3항부터 제5항까지의 규정을 준용한다.

③ 증인, 감정인, 통역인 및 번역인에게 지급할 일당·감정료·통역료 또는 번역료는 매년 예산의 범위에서 중앙심판원장이 정한다.

④ 중앙심판원장 또는 지방해양안전심판원장(이하 "지방심판원장"

이라 한다)은 다음 각 호의 어느 하나에 해당하는 사람에게는 여비, 일당, 감정료, 통역료 또는 번역료를 지급하지 않을 수 있다. 〈개정 2021. 9. 7.〉

1. 증인이 거짓 진술을 하였다고 인정할 만한 상당한 이유가 있거나 정당한 이유 없이 진술을 거부하였을 때

2. 감정인, 통역인 또는 번역인이 거짓의 감정·통역 또는 번역을 하였다고 인정할 만한 상당한 이유가 있거나 정당한 이유 없이 감정·통역 또는 번역을 거부하였을 때

⑤ 증인, 감정인, 통역인 또는 번역인은 본인의 여비, 일당, 감정료, 통역료 또는 번역료를 해당 해양사고의 재결 확정 전에 청구하여야 한다.

[본조신설 2012. 10. 29.]

제79조의2(비상임심판관 등의 수당 지급 등) ① 비상임심판관이 해양안전심판 및 현장검증에 참여하는 경우에는 「공무원보수규정」에 따른 해당 심판원 심판관의 봉급월액의 30분의 1에 상당하는 금액을 수당으로 지급한다.

② 법 제30조에 따라 선정된 국선 심판변론인(이하 “국선 심판변론인”이라 한다)이 해양안전심판 및 현장검증에 참여하는 경우에는 예산의 범위에서 중앙심판원장이 정하는 금액을 수당으로 지급한다. 다만, 국선 심판변론인이 같은 해양안전심판에 2회 이상 참여하였을 때에는 초과하는 1회마다 본문에 따른 수당의 2분의 1에 해당하는 금액을 수당으로 지급한다.

③ 비상임심판관 및 국선 심판변론인이 해양안전심판에 참여하거

나 해양사고의 원인규명을 위한 현장검증 또는 그 밖의 업무상 필요에 의하여 출장을 갈 때에는 제1항 및 제2항에 따른 수당과 별도로 매년 예산의 범위에서 「공무원 여비 규정」에 따른 지방심판원의 심판관의 여비에 준하는 금액을 그 여비로 지급한다.

[본조신설 2012. 10. 29.]

제79조의3(고유식별정보의 처리) 중앙심판원장 및 지방심판원장은 다음 각 호의 사무를 수행하기 위하여 불가피한 경우 「개인정보 보호법 시행령」 제19조제1호에 따른 주민등록번호가 포함된 자료를 처리할 수 있다.

1. 법 제14조에 따른 비상임심판관의 위촉·해촉에 관한 사무
2. 법 제28조의2에 따른 심판변론인의 결격사유 확인에 관한 사무

[본조신설 2021. 9. 7.]

제8장 벌칙 〈신설 2021. 9. 7.〉

제80조(과태료의 부과기준) 법 제90조제1항부터 제3항까지의 규정에 따른 과태료의 부과기준은 별표 2와 같다. 〈개정 2014. 9. 18.〉

[전문개정 2012. 10. 29.]

부칙 〈제5686호, 1971. 6. 28.〉

①(시행일) 이 영은 공포한 날로부터 시행한다.

②(법시행일) 법 부칙 제1항의 규정에 의한 법의 시행일을 이 영의 시행일로 한다.

부칙 〈제8478호, 1977. 3. 8.〉

이 영은 공포한 날로부터 시행한다.

부칙 〈제8981호, 1978. 4. 27.〉

①(시행일) 이 영은 공포한 날로부터 시행한다.

②(경과조치) 이 영 시행당시 부산지방해난심판원에 계류중인 묵호지방해운항만청관할에 속하는 해난사건은 동 심판원이 처리한다.

부칙 〈제11022호, 1982. 12. 31.〉

①(시행일) 이 영은 공포한 날로부터 시행한다.

②(국외에서 발생한 해난사건의 관할에 관한 경과조치) 이 영 시행당시 종전의 규정에 의하여 국외에서 발생한 해난사건으로서 각 지방해난심판원에 계속중인 사건은 제2조제2항 및 제3항의 개정규정에 불구하고 동심판원이 심판한다.

③(합의체심판부에 계속중인 해난사건의 관할에 관한 경과조치) 이 영 시행당시 종전의 규정에 의하여 각 지방해난심판원의 합의체 심판부에 계속중인 사건은 제35조의 개정규정에 불구하고 동합의체 심판부에서 심판한다.

부칙 〈제11756호, 1985. 8. 31.〉

①(시행일) 이 영은 1985년 9월 1일부터 시행한다.

②(계속중인 사건의 심판에 관한 경과조치) 이 영 시행당시 종전의 규정에 의하여 각 지방심판원에 계속중인 해난사건은 별표의 개

정규정에 불구하고 동 심판원에서 심판한다.

부칙 〈제12434호, 1988. 4. 20.〉

제4조 제1항·제2항 및 제3항중 "주임조사관"을 각각 "수석조사관"으로 한다.

③(계속중인 사건의 심판에 관한 경과조치) 이 영 시행당시 지방심판원에 계속중인 해난사건은 별표의 개정규정에 불구하고 당해 지방심판원에서 심판한다.

④(지방조사관에 대한 경과조치) 이 영 시행당시 재직중인 지방심판원의 조사관은 이 영에 의한 조사관으로 임명된 것으로 본다.

⑤(해사보좌인에 대한 경과조치) 이 영 시행당시 해사보좌인으로 등록된 자는 이 영에 의한 해사보좌인으로 본다.

부칙 〈제14447호, 1994. 12. 23.〉 (건설교통부와그소속기관직제)

제1조 (시행일) 이 영은 공포한 날부터 시행한다. 다만, 제13조제5항·제70조·[별표7]·[별표9] 및 [별표10]의 규정은 1995년 1월 1일부터 시행하고, 제71조 내지 제78조 및 [별표11] 규정은 1995년 3월 1일부터 시행하되, 항로관제요원의 사전교육 및 직무적응훈련을 위하여 필요한 범위안에서 [별표11]의 항공교통관제소공무원 정원중 78인(항공주사 50, 전무주사 5, 항공주사보 17, 전무주사보 4, 전무서기 2)은 1994년 9월 9일부터, 나머지 정원 70인(3급 1, 4급 1, 5급 5, 6급 21, 7급 21, 8급 14, 기능직 7인)은 1995년 1월 1

일부터 각각 1995년 2월 28일까지 각각 건설교통부의 공무원 정원으로 본다.

제2조 내지 제4조 생략

제5조 (다른 법령의 개정) ①내지 〈158〉생략

〈159〉해난심판법시행령중 다음과 같이 개정한다.

제17조의2 제2호다목, 제18조제3호, 제72조중 “교통부장관”을 각각 “건설교통부장관”으로 하고, 제20조제3항중 “교통부령”을 “건설교통부령”으로 한다.

〈160〉내지 〈205〉생략

부칙 〈제15135호, 1996. 8. 8.〉 (해양수산부와그소속기관직제)

제1조 (시행일) 이 영은 공포한 날부터 시행한다.

제2조 내지 제6조 생략

제7조 (다른 법령의 개정) ①내지 〈115〉생략

〈116〉해난심판법시행령중 다음과 같이 개정한다.

제17조의2제2호다목 및 제72조 제목 · 본문중 “교통부장관”을 각각 “해양수산부장관”으로 한다.

제20조제3항중 “교통부령”을 “해양수산부령”으로 한다.

제8조 생략

부칙 〈제15830호, 1998. 7. 1.〉 (선박안전법시행령)

제1조 (시행일) 이 영은 공포한 날부터 시행한다. 〈단서 생략〉

제2조 (다른 법령의 개정) ①내지 ⑩생략

⑪해난심판법시행령중 다음과 같이 개정한다.

제17조의2제2호나목중 "선박안전법 제7조의2의 규정에 의한 선박검사관 또는 동법 제8조제2항의 규정에 의한 선박검사원을 "선박안전법 제8조제7항의 규정에 의한 선박검사원 또는 동법 제14조의2의 규정에 의한 선박검사관"으로 한다.

부칙 〈제15892호, 1998. 9. 17.〉 (선원법시행령)

제1조 (시행일) 이 영은 공포한 날부터 시행한다. 〈단서 생략〉

제2조 생략

제3조 (다른 법령의 개정) ①생략

②해난심판법시행령중 다음과 같이 개정한다.

제7조의3중 "선원법 제107조제1항의 규정에 의하여 설립된 선원교육기관"을 "한국해양수산연수원법에 의한, 한국해양수산연수원"으로 한다.

③생략

부칙 〈제16541호, 1999. 8. 23.〉

제1조 (시행일) 이 영은 공포한 날부터 시행한다.

제2조 (다른 볍령의 개정) ①개항질서법시행령중 다음과 같이 개정한다.

제4조제5항중 "해난"을 "해양사고"로 한다.

제5조제2호중 "해난구조"를 "해양사고구조"로 한다.

②기상청과그소속기관직제중 다음과 같이 개정한다.

제17조제4호중 “해난재해예방”을 “해양사고재해예방”으로 한다.

③도선법시행령중 다음과 같이 개정한다.

제2조의2제2항제1호중 “해난심판법”을 “해양사고의조사및심판에관한법률”로 한다.

④부가가치세법시행령중 다음과 같이 개정한다.

제74조제2항제2호 사목중 “해사보좌인업”을 “심판변론인업”으로 한다.

⑤선박직원법시행령중 다음과 같이 개정한다.

제20조제2항제5호중 “해난심판법”을 “해양사고의조사및심판에관한법률”로 한다.

⑥선원노동위원회규정중 다음과 같이 개정한다.

제4조의3제2호중 “해난심판원”을 “해양안전심판원”으로 한다.

⑦유선및도선사업법시행령중 다음과 같이 개정한다.

제20조제1항제3호중 “해난방지교육”을 “해양사고방지교육”으로 한다.

⑧증인등의비용지급에관한규정중 다음과 같이 개정한다.

제1조중 “해난심판법”을 “해양사고의조사및심판에관한법률”로 한다.

제4조중 “해난사건”을 "해양사고사건으로 한다.

⑨참심원수당등지급규정중 다음과 같이 개정한다.

제명 “참심원수당등지급규정”을 “비상임심판관수당등지급규정”으로 한다.

제1조중 “해난심판법”을 “해양사고의조사및심판에관한법률”로, “해

난심판"을 "해양안전심판"으로, "참심원"을 "비상임심판관"으로 한다.

제2조중 "참심원"을 "비상임심판관"으로, "해난심판"을 "해양안전심판"으로, "해난심판원"을 "해양안전심판원"으로 한다.

제3조중 "참심원"을 "비상임심판관"으로, "해난"을 "해양사고"로 한다.

⑩해양경찰청과그소속기관직제중 다음과 같이 개정한다.

제10조제2항제4호중 "해난구조업무"를 "해양사고구조업무"로 하고, 동항제23호·제25호 및 제26호중 "해난사고"를 각각 "해양안전사고"로 한다.

⑪해양수산부와그소속기관직제중 다음과 같이 개정한다.

제2조제3항중 "해난사건"을 "해양사고사건"으로, "해난심판법"을 "해양사고의조사및심판에관한법률"로, "해난심판원"을 "해양안전심판원"으로 한다.

제3조중 "해난심판"을 "해양안전심판"으로 한다.

제9조제2항제35호중 "해난"을 "해양사고"로 한다.

제19장의 제목 "해난심판원"을 "해양안전심판원"으로 한다.

제49조중 "해난심판원"을 "해양안전심판원"으로, "해난사건"을 "해양사고사건"으로 한다.

제50조제1항중 "중앙해난심판원"을 "중앙해양안전심판원"으로 하고, 동조제2항중 "지방해난심판원"을 "지방해양안전심판원"으로 한다.

제51조제3항제1호 내지 제3호 및 제5호중 "해난사건"을 각각 "해양사고사건"으로 하고, 동항제4호 및 제6호중 "해난"을 각각 "해양사고"로 한다.

제53조중 "해난심판원"을 "해양안전심판원"으로 한다.

별표 3중 "해난심판원"을 각각 "해양안전심판원"으로 한다.

⑫행정권한의위임및위탁에관한규정중 다음과 같이 개정한다.

제40조제1항 본문중 "중앙해난심판원장"을 "중앙해양안전심판원장"으로 한다.

⑬행정사법시행령중 다음과 같이 개정한다.

제3조제2호중 "해난심판"을 "해양안전심판"으로 한다.

제10조제2항중 "해난심판"을 "해양안전심판"으로 한다.

부칙 〈제17505호, 2002. 2. 4.〉

이 영은 공포한 날부터 시행한다.

부칙 〈제18312호, 2004. 3. 17.〉 (전자적민원처리를위한가석방자관리규정등중개정령)

이 영은 공포한 날부터 시행한다.

부칙 〈제19563호, 2006. 6. 29.〉 (제주특별자치도 설치 및 국제자유도시 조성을 위한 특별법 시행령)

제1조 (시행일) 이 영은 2006년 7월 1일부터 시행한다.

제2조 내지 제6조 생략

제7조 (다른 법령의 개정) ①내지 ⑲생략

⑳해양사고의조사및심판에관한법률시행령 일부를 다음과 같이 개정한다.

제1조의2 각 호 외의 부분 단서중 “경찰용 선박”을 각각 “국가경찰용 선박”으로 한다.

㉑내지 ㉜생략

제8조 생략

부칙 〈제20300호, 2007. 9. 28.〉 (선박안전법 시행령)

제1조 (시행일) 이 영은 2007년 11월 4일부터 시행한다.

제2조 부터 제5조까지 생략

제6조 (다른 법령의 개정) ① 부터 ⑭ 까지 생략

⑮ 해양사고의조사및심판에관한법률시행령 일부를 다음과 같이 개정한다.

제17조의2제2호나목 중 “선박안전법 제8조제7항의 규정에 의하여”를 “「선박안전법」 제77조제1항에 따라”로 한다.

제7조 생략

부칙 〈제20722호, 2008. 2. 29.〉 (국토해양부와 그 소속기관 직제)

제1조(시행일) 이 영은 공포한 날부터 시행한다. 다만, 부칙 제6조에 따라 개정되는 대통령령 중 이 영의 시행 전에 공포되었으나 시행일이 도래하지 아니한 대통령령을 개정한 부분은 각각 해당 대통령령의 시행일부터 시행한다.

제2조 부터 제5조까지 생략

제6조(다른 법령의 개정) ① 부터 〈129〉 까지 생략

〈130〉 해양사고의조사및심판에관한법률시행령 일부를 다음과 같이 개정한다.

제1조의2 각 호 외의 부분 단서, 제26조의2제1항 각 호 외의 부분 중 "해양수산부장관"을 각각 "국토해양부장관"으로 한다.

제20조제1항부터 제3항까지, 제80조제4항 중 "해양수산부령"을 각각 "국토해양부령"으로 한다.

〈131〉 부터 〈138〉 까지 생략

부칙 〈제23357호, 2011. 12. 8.〉

제1조(시행일) 이 영은 2011년 12월 16일부터 시행한다.

제2조(조사정보의 공개 등에 관한 적용례) 제17조의4 및 제17조의5의 개정규정은 이 영 시행 후 최초로 구성되는 특별조사부의 조사부터 적용한다.

부칙 〈제24153호, 2012. 10. 29.〉

제1조(시행일) 이 영은 공포한 날부터 시행한다.

제2조(다른 법령의 폐지) 다음 각 호의 대통령령을 각각 폐지한다.

1. 「비상임심판관 및 국선 심판변론인 수당 등 지급 규정」
2. 「증인등의비용지급에관한규정」

부칙 〈제24443호, 2013. 3. 23.〉 (국토교통부와 그 소속기관 직제)

제1조(시행일) 이 영은 공포한 날부터 시행한다. 〈단서 생략〉

제2조 부터 제5조까지 생략

제6조(다른 법령의 개정) ①부터 〈138〉까지 생략

〈139〉 해양사고의 조사 및 심판에 관한 법률 시행령 일부를 다음과 같이 개정한다.

제1조의2 각 호 외의 부분 단서 및 제26조의2제1항 각 호 외의 부분 중 "국토해양부장관"을 각각 "해양수산부장관"으로 한다.

제20조제1항부터 제3항까지 중 "국토해양부령"을 각각 "해양수산부령"으로 한다.

〈140〉부터 〈146〉까지 생략

부칙 〈제25618호, 2014. 9. 18.〉

제1조(시행일) 이 영은 2014년 9월 25일부터 시행한다.

제2조(과태료에 관한 경과조치) ① 이 영 시행 전의 위반행위에 대하여 과태료의 부과기준을 적용할 때에는 별표 2의 개정규정에도 불구하고 종전의 규정에 따른다.

② 이 영 시행 전의 위반행위로 받은 과태료 부과처분은 별표 2의 개정규정에 따른 위반행위의 횟수 산정에 포함하지 아니한다.

부칙 〈제29924호, 2019. 6. 25.〉

제1조(시행일) 이 영은 2019년 7월 1일부터 시행한다.

제2조(과태료의 부과기준에 관한 경과조치) 이 영 시행 전에 별표 2 제2호의 개정규정에 해당하는 위반행위로 받은 과태료의 부과처분은 별표 2 제2호의 개정규정에 따른 위반행위의 횟수 산정에 포함

한다.

부칙 〈제31349호, 2020. 12. 31.〉 (자치경찰사무와 시·도 자치경찰위원회의 조직 및 운영 등에 관한 규정)

제1조(시행일) 이 영은 2021년 1월 1일부터 시행한다.

제2조 및 제3조 생략

제4조(다른 법령의 개정) ①부터 ㊼까지 생략

㊽ 해양사고의 조사 및 심판에 관한 법률 시행령 일부를 다음과 같이 개정한다.

제1조의2 각 호 외의 부분 단서 중 "국가경찰용선박"을 각각 "경찰용선박"으로 한다.

㊾ 생략

부칙 〈제31380호, 2021. 1. 5.〉 (어려운 법령용어 정비를 위한 473개 법령의 일부개정에 관한 대통령령)

이 영은 공포한 날부터 시행한다. 〈단서 생략〉

부칙 〈제31973호, 2021. 9. 7.〉

이 영은 공포한 날부터 시행한다.

부칙 〈제34550호, 2024. 6. 4.〉 (강원특별자치도 설치 및 미래산업글로벌도시 조성을 위한 특별법 시행령)

제1조(시행일) 이 영은 2024년 6월 8일부터 시행한다.

제2조 부터 제4조까지 생략

제5조(다른 법령의 개정) ①부터 ㊶까지 생략

㊷ 해양사고의 조사 및 심판에 관한 법률 시행령 일부를 다음과 같이 개정한다.

별표 1 동해지방해양안전심판원의 관할구역란 제4호 중 “강원도”를 “강원특별자치도”로 한다.

㊸ 및 ㊹ 생략

부칙 〈제35089호, 2024. 12. 24.〉 (전북특별자치도 설치 및 글로벌생명경제도시 조성을 위한 특별법 시행령)

제1조(시행일) 이 영은 2024년 12월 27일부터 시행한다.

제2조 부터 제5조까지 생략

제6조(다른 법령의 개정) ①부터 ㉝까지 생략

㉞ 해양사고의 조사 및 심판에 관한 법률 시행령 일부를 다음과 같이 개정한다.

별표 1 목포지방해양안전심판원의 관할구역란 제1호 중 “전라북도”를 “전북특별자치도”로 하고, 같은 표 인천지방해양안전심판원의 관할구역란 제8호를 다음과 같이 한다.

8. 전북특별자치도

별표 / 서식

[별표 1] 지방해양안전심판원의 명칭 · 위치 및 관할(제2조제2항 관련)

[별표 2] 과태료의 부과기준(제80조 관련)

해양사고의 조사 및 심판에 관한 법률 시행규칙 (약칭 : 해양사고심판법 시행규칙)

[시행 2024. 1. 26.] [해양수산부령 제652호, 2024. 2. 5., 타법개정]

**개정 예정 법률 밑줄 별도 표시.

해양사고의 조사 및 심판에 관한 법률 시행규칙

(약칭 : 해양사고심판법 시행규칙)

[시행 2024. 1. 26.] [해양수산부령 제652호, 2024. 2. 5., 타법개정]

제1조(목적) 이 규칙은 「해양사고의 조사 및 심판에 관한 법률」 및 같은 법 시행령에서 위임된 사항과 그 시행에 필요한 사항을 정함을 목적으로 한다.

제2조(준해양사고) 「해양사고의 조사 및 심판에 관한 법률」(이하 "법"이라 한다) 제2조제1호의2에서 "해양수산부령으로 정하는 사고"란 다음 각 호의 어느 하나에 해당하는 것을 말한다. 〈개정 2013. 3. 24.〉

1. 항해 중 운항 부주의로 다른 선박에 근접하여 충돌할 상황이 발생하였으나 가까스로 피한 사태
2. 항로 내에서의 정박 중 다른 선박에 근접하여 충돌할 상황이 발생하였으나 가까스로 피한 사태
3. 입·출항 중 항로를 이탈하거나 예정된 항로를 이탈하여 좌초될 상황이 발생하였으나 가까스로 안전한 수역으로 피한 사태
4. 화물을 싣거나 묶고 고정시킨 상태가 불량한 사유 등으로 선

체가 기울어져 뒤집히거나 침몰할 상황이 발생하였으나 가까스로 피한 사태

5. 전기설비의 상태 불량 등으로 화재가 발생할 상황이었으나 가까스로 화재가 나지 아니하도록 조치한 사태

6. 해양오염설비의 조작 부주의 등으로 오염물질이 해양에 배출될 상황이 발생하였으나 가까스로 배출되지 아니하도록 조치한 사태

7. 그 밖에 제1호부터 제6호까지의 사태와 유사한 사태로서 해양수산부장관이 정하여 고시하는 사태

제2조의2(원격영상심판장치) 법 제2조제4호에서 "해양수산부령으로 정하는 동영상 및 음성을 동시에 송수신하는 장치"란 다음 각 호의 요건을 모두 갖춘 장치를 말한다.

1. 동영상 및 음성의 송수신 장치는 양쪽에 모두 갖추어져 서로 상대방을 보면서 대화할 수 있을 것

2. 동영상 및 음성의 전송은 양쪽에서 동시에 이루어질 것

3. 전송되는 동영상 및 음성은 권한이 없는 자가 송수신할 수 없도록 보안장치를 갖출 것

[본조신설 2016. 7. 12.]

제3조(전문연구기관) 법 제4조제3항에서 "해양수산부령으로 정하는 전문연구기관"이란 다음 각 호의 어느 하나에 해당하는 연구기관을 말한다. 〈개정 2013. 3. 24., 2021. 12. 28.〉

1. 「한국해양수산연수원법」에 따른 한국해양수산연수원

2. 「정부출연연구기관 등의 설립·운영 및 육성에 관한 법률」에 따른 한국해양수산개발원

3. 「한국해양과학기술원법」에 따른 한국해양과학기술원

4. 「한국해양교통안전공단법」에 따른 한국해양교통안전공단

제4조(특별조사부의 구성 및 운영) ① 중앙해양안전심판원(이하 "중앙심판원"이라 한다)의 수석조사관은 법 제18조의3제2항에 따라 특별조사부(이하 "특별조사부"라 한다)를 구성할 경우에는 그 구성원이 해당 해양사고의 심판청구를 위한 조사 업무 및 심판 업무 또는 이와 관련된 업무를 겸임하지 아니하도록 하여야 한다.

② 법 제18조의3제2항제3호에 따른 해양사고 관련 전문가의 범위는 다음 각 호와 같다.

1. 「해양사고의 조사 및 심판에 관한 법률 시행령」(이하 "영"이라 한다) 제10조 각 호의 어느 하나에 해당하는 분야의 전문가

2. 해양사고 조사대상자에 대한 심리적·의학적 또는 그 밖의 잠재적 원인을 분석·연구하는 분야의 전문가

3. 해양사고 조사와 관련된 국제공조 분야의 전문가

③ 법 제18조의3제3항에 따라 특별조사부의 장이 조사보고서를 작성하는 경우에는 다음 각 호의 사항이 포함되어야 한다.

1. 해양사고와 관련된 사실정보

2. 해양사고의 개요 및 경위

3. 해양사고의 원인에 대한 분석

4. 해양사고에 대한 조사결과

5. 해양사고 방지를 위한 권고 및 건의사항

④ 특별조사부의 조사 절차 및 방법 등에 관하여는 법령에 특별한 규정이 있는 경우를 제외하고는 해양사고의 조사 및 심판과 관

련하여 국제적으로 발효된 국제협약에 따른다.

제5조(연수교육계획의 수립) 중앙해양안전심판원장(이하 "중앙심판원장"이라 한다)은 법 제20조의2에 따라 심판관, 조사관 및 그 밖의 직원에 대한 연수교육을 실시하려면 다음 각 호의 사항이 포함된 연수교육계획을 수립하여야 한다.

1. 연수교육의 목표
2. 연수교육의 내용
3. 교육대상 및 교육기간
4. 그 밖에 연수교육에 필요한 사항

제6조(연수교육과정) ① 연수교육과정은 신규교육과정과 전문교육과정으로 구분한다.

② 신규교육과정은 해양안전심판 관련 업무를 처음으로 담당하는 사람이 그 직무 수행에 필요한 기초적인 지식과 기술을 습득할 수 있도록 실시한다.

③ 전문교육과정은 신규교육과정을 마친 사람이 담당 직무분야에 필요한 전문적인 지식과 기술을 습득할 수 있도록 실시한다.

제7조(위탁교육 등) 중앙심판원장은 심판관, 조사관 및 그 밖의 직원의 자질 향상을 위하여 필요하다고 인정하는 경우에는 국외에 파견하여 연수교육을 받게 하거나 관계 행정기관 또는 교육훈련기관과 협의하여 위탁교육을 받게 할 수 있다.

제8조(교육훈련자료 등) 중앙심판원장은 연수교육을 효율적으로 실시하기 위하여 필요하다고 인정하는 경우에는 관계 행정기관 또는 교육훈련기관에 연수교육에 필요한 자료 제공 등의 협조를 요청할

수 있다.

제9조(관할 이전 신청서) 영 제3조제1항에 따른 관할 이전 신청서는 별지 제1호서식에 따른다.

제10조(해사 관련 분야) 법 제28조제1항제3호에서 "해양수산부령으로 정하는 해사 관련 분야"란 다음 각 호의 분야를 말한다. 〈개정 2013. 3. 24.〉

1. 해사공법
2. 해사사법
3. 해사국제법

제11조(심판변론인의 등록신청) ① 영 제25조제1항에 따른 등록신청서는 별지 제2호서식에 따른다. 〈개정 2019. 6. 25.〉

② 법 제28조제2항 및 영 제25조제1항에 따라 등록신청을 하는 경우에는 1천원의 등록수수료를 수입인지로 납부하여야 한다. 다만, 정보통신망을 이용하여 등록신청을 하는 경우에는 800원의 등록수수료를 전자화폐·전자결제 등의 방법으로 납부하여야 한다. 〈개정 2019. 6. 25.〉

제12조(등록증의 발급 등) ① 중앙심판원장은 제11조에 따른 등록신청을 받으면 검토한 후 별지 제3호서식의 심판변론인 등록대장에 등록을 하고 별지 제4호서식의 심판변론인 등록증을 발급하여야 한다.

② 중앙심판원장은 심판변론인 등록을 신청한 사람이 법 제28조제1항에 따른 자격이 없거나 법 제28조의2에 따른 결격사유에 해당하여 심판변론인 등록을 하지 못하는 경우에는 그 사유를 신청인에

게 알려야 한다.

제13조(심판변론인 등록부) ① 중앙심판원장은 심판변론인별로 별지 제5호서식의 심판변론인 등록부를 작성하여 관리하여야 하며, 이 경우 전자적으로 처리할 수 없는 특별한 사유가 있는 경우 외에는 전자적 방법으로 작성·관리하여야 한다.

② 제1항의 심판변론인 등록부에는 다음 각 호의 사항이 포함되어야 한다. 〈개정 2014. 9. 18.〉

1. 성명, 생년월일
2. 등록번호, 등록 연월일
3. 심판변론인 자격의 취득 근거
4. 사무소의 소재지
5. 등록을 취소하였을 때에는 등록취소 연월일 및 그 사유

제14조(등록사항 변경신고) 심판변론인은 사무소의 소재지가 변경된 때에는 지체 없이 별지 제6호서식의 심판변론인 등록사항 변경신고서를 중앙심판원에 제출하여야 한다.

제15조(등록대장의 기록 말소) 중앙심판원장은 법 제29조의2에 따라 심판변론인의 등록을 취소하였을 때에는 심판변론인 등록대장에 적힌 그 심판변론인의 등록사항을 말소하여야 한다. 〈개정 2019. 6. 25.〉

제16조(등록 등의 통지) 중앙심판원장은 심판변론인이 등록하거나 그 등록이 취소되었을 때에는 이를 관계기관 및 관계단체에 알려야 한다.

제17조(국선 심판변론인의 선정 청구 등) ① 법 제30조제2항에 따

른 빈곤 또는 그 밖의 사유로 심판변론인을 선임할 수 없는 경우는 해양사고관련자가 다음 각 호의 어느 하나에 해당하는 경우로 한다. 〈개정 2016. 7. 12.〉

1. 「국민기초생활 보장법」 제2조제1호에 따른 수급권자인 경우

2. 월 소득이 「국민기초생활 보장법」 제2조제11호에 따른 기준 중위소득(4인가구의 기준 중위소득을 말한다)의 100분의 60에 해당하는 금액 미만의 사람인 경우

3. 「국가유공자 등 예우 및 지원에 관한 법률」 제4조제1항 각 호에 따른 국가유공자, 그 유족 또는 가족인 경우

4. 그 밖에 관할 해양안전심판원이 국선 심판변론인을 선임할 필요가 있다고 인정하는 경우

② 법 제30조제2항에 따라 해양사고관련자가 심판변론인 선정을 청구하려는 경우에는 별지 제7호서식의 국선 심판변론인 선정 청구서에 제1항 각 호의 어느 하나에 해당됨을 증명하는 서류를 첨부하여 관할 해양안전심판원에 제출하여야 한다.

③ 법 제30조제3항 전단에 따른 연령·지능 및 교육 정도 등을 고려하여 권리보호를 위하여 필요하다고 인정하는 경우는 해양사고관련자가 다음 각 호의 어느 하나에 해당하는 경우로 한다.

1. 최종학력이 고등학교 졸업 이하인 경우

2. 「선박직원법」 제2조제3호에 따른 선박직원이 아닌 경우

[전문개정 2014. 9. 18.]

제18조(국선 심판변론인의 선정 통보) 관할 해양안전심판원장은 법 제30조제1항부터 제3항까지의 규정에 따라 국선 심판변론인을 선정

한 경우에는 지체 없이 해당 국선 심판변론인 및 해양사고관련자에게 그 선정사실을 알려야 한다. 〈개정 2014. 9. 18.〉

제19조(준해양사고의 통보) 법 제31조의2제1항에 따라 준해양사고를 통보할 때에는 별지 제8호서식의 준해양사고 통보서에 따르되, 인터넷 또는 팩스 등 정보통신망을 이용하여 제출할 수 있다.

제19조의2(조사관의 증표) 법 제37조제3항에 따른 조사관의 권한을 표시하는 증표는 별지 제8호의2서식에 따른다.

[본조신설 2016. 7. 12.]

제20조(심판불필요처분사건 심판신청서) 영 제32조의2제1항에 따른 심판불필요처분사건 심판신청서는 별지 제9호서식에 따른다.

제20조의2(원격영상심판의 절차 등) ① 해양사고관련자는 교통의 불편 등으로 심판정에 직접 출석하기 어려운 경우에는 그 사실을 적은 서면으로 심판원장에게 법 제41조의2에 따른 원격영상심판으로 진행할 것을 신청할 수 있다.

② 제1항에 따른 신청을 받은 심판원장은 신청이 이유 있다고 인정하는 경우 원격영상심판을 할 수 있다. 이 경우 심판원장은 서기로 하여금 원격영상심판을 하는 이유와 해양사고관련자의 성명을 조서에 적게 하여야 한다.

[본조신설 2016. 7. 12.]

제21조(이해관계인의 심판참여) 법 제44조의2에 따라 심판에 참여하려는 이해관계인은 별지 제10호서식의 이해관계인 심판참여 신청서에 이해관계가 있음을 증명하는 서류를 첨부하여 관할 해양안전심판원의 심판장에게 제출하여야 한다.

제21조의2(열람 또는 복사 신청서) 영 제39조의2제1항에 따른 열람 또는 복사 신청서는 별지 제10호의2서식에 따른다.

[본조신설 2019. 6. 25.]

[종전 제21조의2는 제21조의3으로 이동 〈2019. 6. 25.〉]

제21조의3(재결서 등본의 청구) 영 제61조에 따른 재결서 등본의 발급청구서는 별지 제10호의3서식에 따른다. 〈개정 2019. 6. 25.〉

[본조신설 2016. 7. 12.]

[제21조의2에서 이동, 종전 제21조의3은 제21조의4로 이동 〈2019. 6. 25.〉]

제21조의4(제2심 청구서) 법 제58조제3항에 따른 제2심 청구서는 조사관이 제2심을 청구하는 경우에는 별지 제10호의4서식에 따르고, 조사관 외의 자가 제2심을 청구하는 경우에는 별지 제10호의5서식에 따른다. 〈개정 2019. 6. 25.〉

[본조신설 2016. 7. 12.]

[제21조의3에서 이동, 종전 제21조의4는 제21조의5로 이동 〈2019. 6. 25.〉]

제21조의5(결정에 대한 이의신청) 법 제68조제1항에 따른 이의신청서는 조사관이 이의신청을 하는 경우에는 별지 제10호의6서식에 따르고, 조사관 외의 자가 이의신청을 하는 경우에는 별지 제10호의7서식에 따른다. 〈개정 2019. 6. 25.〉

[본조신설 2016. 7. 12.]

[제21조의4에서 이동 〈2019. 6. 25.〉]

제22조(면허취소 및 업무정지 재결의 집행) ① 중앙심판원과 지방해

양안전심판원의 수석조사관(이하 "수석조사관"이라 한다)은 해양안전심판의 결과 해기사 또는 도선사에 대한 면허취소 또는 업무정지의 재결이 확정되었을 때에는 지체 없이 그 해기사 또는 도선사에게 해기사면허증 또는 도선사면허증을 재결이 확정된 날부터 30일 이내(해기사가 승선 등의 이유로 기한 내에 제출할 수 없는 경우에는 그 사유가 해소된 날부터 14일 이내를 말한다)에 제출할 것을 문서로 알려야 하며, 재결 집행을 시작하였을 때에는 그 사실을 해당 면허증을 발급한 지방해양수산청장(이하 "면허관청"이라 한다)에게 통보하여야 한다. 〈개정 2015. 1. 8., 2016. 7. 12.〉

② 면허관청은 제1항에 따라 통보를 받았을 때에는 해기사면허원부 또는 도선사면허원부(이하 "면허원부"라 한다)에 그 내용을 적어야 한다.

③ 수석조사관은 제1항에 따른 면허증 제출 통지를 받고 이행하지 아니하는 사람에 대해서는 법 제82조에 따른 면허증 무효선언에 관한 절차를 밟고 그 사실을 면허관청에 알려야 한다.

④ 수석조사관은 업무정지 기간 만료일의 다음 날(그날이 일요일 또는 공휴일일 때에는 그 다음 날)에 해당 면허증을 반환하여야 한다.

제23조(견책재결의 집행) ① 수석조사관은 해양안전심판의 결과 해기사나 도선사에 대한 견책재결이 확정되었을 때에는 그 견책재결의 요지를 면허관청에 통보하여야 한다.

② 면허관청은 제1항에 따른 통보를 받았을 때에는 그 사실을 면허원부에 적어야 한다.

제24조(징계기록부의 작성) ① 중앙심판원장은 업무정지나 견책의

징계를 받은 해기사 또는 도선사에 대한 징계사항을 별지 제11호서식의 징계기록부에 기록하여야 한다.

② 제1항의 징계기록부는 전자적으로 처리할 수 없는 특별한 사유가 있는 경우 외에는 전자적 방법으로 기록하고 관리하여야 한다.

제25조(징계기록 말소의 요청) ① 중앙심판원장은 법 제81조의2에 따라 징계가 실효(失效)된 해기사 또는 도선사에 대해서는 면허원부의 징계기록을 말소할 것을 해당 면허관청에 요청하여야 한다.

② 제1항에 따라 징계기록의 말소 요청을 받은 면허관청은 면허원부의 징계기록을 말소하고, 그 사람에 대한 면허원부를 새로 작성하여야 한다.

③ 면허관청은 제2항에 따라 징계기록을 말소하였을 때에는 그 사실을 중앙심판원장에게 알려야 한다.

제26조(수수료) 법 제88조에 따라 재결서·결정서 등의 등본을 발급받거나, 심판원 안에 설치된 장비를 이용하여 심판조서, 그 밖의 관계 서류 또는 증거물을 복사하려는 사람은 발급 또는 교부받은 종이로 된 등본 또는 복사물 1장마다 50원의 수수료를 수입인지로 납부해야 한다. 다만, 법 제30조제1항에 따른 국선 심판변론인이 그 사건의 계속 중에 복사를 하는 경우에는 수수료를 납부하지 않는다.

[전문개정 2019. 6. 25.]

제27조(해양사고정보시스템의 운영) 중앙심판원장은 법 제88조의3에 따라 해양사고정보시스템을 통하여 다음 각 호의 업무를 수행한다.

1. 해양사고 접수, 심판청구 등 조사업무 진행사항 등록

2. 심판접수, 심판재결 등 심판업무 진행사항 등록

3. 재결집행사항 및 징계내역 등록

4. 각종 해양사고통계자료 작성 및 표출

5. 재결서, 의견진술서 등 조사·심판자료 등록 및 열람

6. 그 밖에 조사·심판업무 수행을 위해 필요한 사항

[본조신설 2021. 12. 28.]

부칙 〈제532호, 2012. 11. 2.〉

제1조(시행일) 이 영은 공포한 날부터 시행한다.

제2조(해사보좌인등록에 관한 경과조치) 이 규칙 시행 당시 교통부령 제885호 해난심판법시행규칙 부칙 제2항에 따라 폐지된 해사보좌인등록규칙에 따라 해사보좌인으로 등록한 자는 이 규칙에 따라 심판변론인으로 등록한 것으로 본다.

부칙 〈제1호, 2013. 3. 24.〉 (해양수산부와 그 소속기관 직제 시행규칙)

제1조(시행일) 이 규칙은 공포한 날부터 시행한다.

제2조 부터 제4조까지 생략

제5조(다른 법령의 개정) ①부터 〈58〉까지 생략

〈59〉 해양사고의 조사 및 심판에 관한 법률 시행규칙 일부를 다음과 같이 개정한다.

제2조 각 호 외의 부분, 제3조 각 호 외의 부분 및 제10조 각 호 외의 부분 중 "국토해양부령"을 각각 "해양수산부령"으로 한다.

제2조제7호 중 “국토해양부장관”을 “해양수산부장관”으로 한다.
〈60〉부터 〈63〉까지 생략

부칙 〈제84호, 2014. 6. 23.〉 (개인정보 보호를 위한 국제선박등록법 시행규칙 등 일부개정령)

이 규칙은 공포한 날부터 시행한다.

부칙 〈제98호, 2014. 9. 18.〉

이 규칙은 공포한 날부터 시행한다.

부칙 〈제134호, 2015. 1. 8.〉 (해양수산부와 그 소속기관 직제 시행규칙)

제1조(시행일) 이 규칙은 공포한 날부터 시행한다.

제2조 생략

제3조(다른 법령의 개정) ①부터 ⑪까지 생략

⑫ 해양사고의 조사 및 심판에 관한 법률 시행규칙 일부를 다음과 같이 개정한다.

제22조제1항 중 “지방해양항만청장”을 “지방해양수산청장”으로 한다.
⑬부터 ⑲까지 생략

부칙 〈제195호, 2016. 7. 12.〉

제1조(시행일) 이 규칙은 공포한 날부터 시행한다.

제2조(원격영상심판의 절차에 관한 적용례) 제20조의2의 개정규정은

이 규칙 시행 당시 해양안전심판원에 계속 중인 사건에 대해서도 적용한다.

제3조(면허취소 및 업무정지 재결의 집행에 관한 적용례) 제22조제1항의 개정규정은 이 규칙 시행 이후 해기사 또는 도선사에 대한 면허취소 또는 업무정지의 재결에 따라 해기사면허증 또는 도선사면허증의 제출을 통지하는 경우부터 적용한다.

부칙 〈제226호, 2017. 3. 15.〉 (개인정보 보호를 위한 공유수면 관리 및 매립에 관한 법률 시행규칙 등 일부개정령)

이 규칙은 공포한 날부터 시행한다. 〈단서 생략〉

부칙 〈제347호, 2019. 6. 25.〉

이 규칙은 2019년 7월 1일부터 시행한다.

부칙 〈제522호, 2021. 12. 28.〉

제1조(시행일) 이 규칙은 공포한 날부터 시행한다.

제2조(준해양사고 통보에 관한 적용례) 별지 제8호서식의 개정규정은 이 규칙 시행 이후 발생한 준해양사고를 통보하는 경우부터 적용한다.

부칙 〈제652호, 2024. 2. 5.〉 (해상교통안전법 시행규칙)

제1조(시행일) 이 규칙은 2024년 1월 26일부터 시행한다. 〈단서 생략〉

제2조 부터 제4조까지 생략

제5조(다른 법령의 개정) ①부터 ⑧까지 생략

⑨ 해양사고의 조사 및 심판에 관한 법률 시행규칙 일부를 다음과 같이 개정한다.

별지 제8호서식 뒤쪽의 작성방법란 제3호 중 "「해사안전법」 제2조"를 "「해상교통안전법」 제2조제19호"로 한다.

⑩ 생략

제6조 생략

별표 / 서식

[별지 제1호서식] 관할 이전 신청서

[별지 제2호서식] 심판변론인 등록신청서

[별지 제3호서식] 심판변론인 등록대장

[별지 제4호서식] 심판변론인 등록증

[별지 제5호서식] 심판변론인 등록부

[별지 제6호서식] 심판변론인 등록사항 변경신고서

[별지 제7호서식] 국선 심판변론인 선정 청구서

[별지 제8호서식] 준해양사고 통보서

[별지 제8호의2서식] 조사관 신분증

[별지 제9호서식] 심판불필요처분사건 심판신청서

[별지 제10호서식] 이해관계인 심판참여 신청서

[별지 제10호의2서식] 심판조서 등의 열람·복사 신청서

[별지 제10호의3서식] 재결서 등본 발급청구서

[별지 제10호의4서식] 제2심 청구서

[별지 제10호의5서식] 제2심 청구서

[별지 제10호의6서식] 이의신청서

[별지 제10호의7서식] 이의신청서

[별지 제11호서식] 징계기록부

대한민국 법령 시리즈 73

해양사고의 조사 및 심판에 관한 법률 (약칭 : 해양사고심판법)

법 령 / 시 행 령 / 시 행 규 칙

2025년 7월 28일 인쇄 정가 16,000원
2025년 8월 8일 발행

편 저 편집부
디 자 인 송영미
발 행 인 조준형
발 행 처 해광출판사
http://www.hgbookpub.com
E-mail : munbookcokr@naver.com
주 소 부산광역시 중구 해관로 41-1 (중앙동2가)
전화번호 (051) 253-0001 팩스 (051) 245-1187
등 록 제 2012-000005호

해광출판사에서는 여러분의 소중한 원고와 함께 할 기회를 기다리고 있습니다. 책으로 엮을 원고나 아이디어가 있으신 분들은 이메일 munbookcokr@naver.com 로 책에 대한 간단한 개요와 원고 전체 또는 일부를 연락처와 함께 보내주십시오.

ISBN 979-11-6881-859-0

해광출판사 대한민국 법령 시리즈

001. 선원법
002. 어선법
003. 선박직원법
004. 해사안전기본법
005. 해양환경관리법
006. 선박의 입항 및 출항등에 관한 법률
007. 학교안전사고예방 및 보상에 관한 법률
008. 종합부동산세법
009. 방위사업법
010. 행정규제기본법
011. 식품산업진흥법
012. 위험물안전관리법
013. 화재의 예방 및 안전관리에 관한 법률
014. 도시가스사업법
015. 실내공기질관리법
016. 지방세법
017. 소득세법
018. 법인세법
019. 도선법
020. 선박안전법
021. 선박법
022. 수산업법
023. 고압가스안전관리법
024. 국민연금법
025. 공동주택관리법
026. 화학물질관리법
027. 어선원 및 어선 재해보상보험법
028. 장기등 이식에 관한 법률
029. 자연재해대책법
030. 공유재산 및 물품 관리법
031. 산업입지 및 개발에 관한 법률
032. 부정경쟁방지 및 영업비밀보호에 관한 법률
033. 금융지주회사법
034. 온실가스 배출권의 할당 및 거래에 관한 법률
035. 건축사법
036. 산림문화휴양에 관한 법률
037. 전기사업법
038. 사립학교법
039. 고등교육법
040. 액화석유가스의 안전관리 및 사업법
041. 선박투자회사법
042. 수산자원관리법
043. 위험물선박운송및저장규칙
044. 선박평형수관리법
045. 주택임대차보호법
046. 상가건물임대차보호법
047. 지방공기업법
048. 승강기안전관리법
049. 수목원·정원의 조성 및 진흥에 관한 법률
050. 민법
051. 치료감호 등에 관한 법률
052. 대부업 등의 등록 및 금융이용자 보호에 관한 법률
053. 사료관리법
054. 무형문화재 보전 및 진흥에 관한 법률
055. 총포·도검·화약류 등의 안전관리에 관한 법률
056. 경찰관직무집행법
057. 시설물의 안전 및 유지관리에 관한 특별법
058. 수산생물질병 관리법
059. 소비자기본법
060. 국제선박등록법
061. 정보통신망 이용촉진 및 정보보호 등에 관한 법률
062. 해운법
063. 농수산물 품질관리법
064. 수산업협동조합법
065. 해외건설촉진법
066. 수상레저안전법
067. 공무원재해보상법
068. 수상에서의 수색·구조 등에 관한 법률
069. 어촌어항법
070. 항만법
071. 항만운송사업법
072. 해양경비법
073. 해양사고의 조사 및 심판에 관한 법률
074. 외국인근로자의 고용 등에 관한 법률
075. 중소기업기본법
076. 자유무역지역의 지정 및 운영에 관한 법률
077. 대기환경보전법
078. 소음진동관리법
079. 폐기물관리법
080. 하수도법
081. 물환경보전법
082. 토양환경보전법
083. 환경정책기본법
084. 산업재해보상보험법
085. 관세법
086. 노동조합 및 노동관계조정법
087. 근로기준법
088. 군인연금법
089. 먹는물관리법
090. 기술보증기금법
091. 관광진흥법
092. 감염병의 예방 및 관리에 관한 법률
093. 사법경찰관리의 직무를 수행할 자와 그 직무범위에 관한 법률
094. 수의사법
095. 가정폭력방지 및 피해자보호 등에 관한 법률
096. 환경영향평가법
097. 체육시설의 설치·이용에 관한 법률
098. 장사 등에 관한 법률
099. 상호저축은행법
100. 은행법
101. 보호관찰 등에 관한 법률
102. 형법
103. 자동차관리법
104. 형사소송법
105. 전자금융거래법
106. 마약류 불법거래 방지에 관한 특례법
107. 도로법
108. 주세법
109. 변리사법
110. 하천법
111. 중소기업진흥에 관한 법률
112. 발달장애인 권리보장 및 지원에 관한 법률
113. 주택법
114. 장애인복지법
115. 농어업경영체 육성 및 지원에 관한 법률
116. 공인중개사법
117. 건강기능식품에 관한 법률
118. 예비군법
119. 개발제한구역의 지정 및 관리에 관한 특별조치법
120. 국유재산법
121. 주차장법
122. 환경기술 및 환경산업 지원법
123. 대기관리권역의 대기환경개선에 관한 특별법
124. 악취방지법
125. 미세먼지 저감 및 관리에 관한 특별법
126. 가축분뇨의 관리 및 이용에 관한 법률
127. 물의 재이용 촉진 및 지원에 관한 법률
128. 물관리기본법
129. 물관리기술 발전 및 물산업 진흥에 관한 법률
130. 자원의 절약과 재활용촉진에 관한 법률
131. 전기·전자제품 및 자동차의 자원순환에 관한 법률
132. 건설폐기물의 재활용촉진에 관한 법률
133. 수도권매립지관리공사의 설립 및 운영 등에 관한 법률
134. 폐기물의 국가 간 이동 및 그 처리에 관한 법률
135. 폐기물처리시설 설치촉진 및 주변지역지원 등에 관한 법률
136. 자원순환기본법
137. 잔류성오염물질 관리법
138. 환경분쟁 조정법

해광출판사 대한민국 법령 시리즈

139. 화학물질의 등록 및 평가 등에 관한 법률
140. 환경오염시설의 통합관리에 관한 법률
141. 환경오염피해 배상책임 및 구제에 관한 법률
142. 중소기업제품 구매촉진 및 판로지원에 관한 법률
143. 환경개선비용 부담법
144. 환경분야 시험·검사 등에 관한 법률
145. 환경친화적 산업구조로의 전환촉진에 관한 법률
146. 환경친화적 자동차의 개발 및 보급 촉진에 관한 법률
147. 환경범죄 등의 단속 및 가중처벌에 관한 법률
148. 생명윤리 및 안전에 관한 법률
149. 장애인차별금지 및 권리구제 등에 관한 법률
150. 부동산투자회사법
151. 정치자금법
152. 과학기술기본법
153. 대리점거래의 공정화에 관한 법률
154. 상속세 및 증여세법
155. 학원의 설립·운영 및 과외교습에 관한 법률
156. 해양심층수의 개발 및 관리에 관한 법률
157. 전기용품 및 생활용품 안전관리법
158. 사회기반시설에 대한 민간투자법
159. 공직선거법
160. 정당법
161. 유류오염손해배상 보장법
162. 부정청탁 및 금품등 수수의 금지에 관한 법률
163. 항로표지법
164. 어장관리법
165. 민방위기본법
166. 공직자윤리법
167. 선거관리위원회법
168. 유선 및 도선 사업법
169. 전기공사업법
170. 사회복지사업법
171. 택지개발촉진법
172. 국가공무원법
173. 민간임대주택에 관한 특별법
174. 어음법·수표법
175. 민사집행법
176. 상법
177. 문화예술진흥법
178. 중소기업협동조합법
179. 농업협동조합법
180. 도로교통법
181. 의료사고 피해구제 및 의료분쟁 조정 등에 관한 법률
182. 산림보호법
183. 소년법
184. 동물보호법
185. 건축물관리법
186. 도시개발법
187. 화물자동차 운수사업법
188. 도시 및 주거환경정비법
189. 의료법
190. 국회법
191. 응급의료에 관한 법률
192. 출입국관리법
193. 노인복지법
194. 산림자원의 조성 및 관리에 관한 법률
195. 청소년 보호법
196. 초·중등교육법
197. 혁신도시 조성 및 발전에 관한 특별법
198. 경제자유구역의 지정 및 운영에 관한 특별법
199. 공공기관의 운영에 관한 법률
200. 대한민국헌법
201. 국민기초생활 보장법
202. 저작권법
203. 가사소송법
204. 국가유공자 등 예우 및 지원에 관한 법률
205. 국민체육진흥법
206. 전통주 등의 산업진흥에 관한 법률
207. 재난 및 안전관리 기본법
208. 정보통신공사업법
209. 주식회사 등의 외부감사에 관한 법률
210. 공익사업을 위한 토지 등의 취득 및 보상에 관한 법률
211. 개인정보 보호법
212. 국세기본법
213. 에너지이용 합리화법
214. 감정평가 및 감정평가사에 관한 법률
215. 국가인권위원회법
216. 가맹사업거래의 공정화에 관한 법률
217. 보건의료기본법
218. 산업안전보건법
219. 법무사법
220. 교육공무원법
221. 특허법
222. 민사소송법
223. 아동복지법
224. 전파법
225. 하도급거래 공정화에 관한 법률
226. 기초연금법
227. 사립학교교직원 연금법
228. 직업안정법
229. 장애아동 복지지원법
230. 부동산등기법
231. 자동차손해배상 보장법
232. 철도안전법
233. 항공안전법
234. 전자상거래 등에서의 소비자보호에 관한 법률
235. 독점규제 및 공정거래에 관한 법률
236. 상표법
237. 채무자 회생 및 파산에 관한 법률
238. 공무원연금법
239. 축산법
240. 근로복지기본법
241. 민원 처리에 관한 법률
242. 약사법
243. 방문판매 등에 관한 법률
244. 건축기본법
245. 지방세기본법
246. 지방세징수법
247. 지방자치법
248. 도시교통정비 촉진법
249. 공공주택 특별법
250. 국세징수법
251. 공인노무사법
252. 중대재해 처벌 등에 관한 법률
253. 외무공무원법
254. 소방시설공사업법
255. 검역법
256. 공중위생관리법
257. 할부거래에 관한 법률
258. 인터넷 멀티미디어 방송사업법
259. 전기통신사업법
260. 제품안전기본법
261. 철도사업법
262. 어린이제품 안전 특별법
263. 영유아보육법
264. 원자력안전법
265. 보험업법
266. 경비업법
267. 교통안전법
268. 세무사법
269. 관세사법
270. 공인회계사법
271. 지방공무원법
272. 고용정책 기본법
273. 국가경찰과 자치경찰의 조직 및 운영에 관한 법률
274. 협동조합 기본법
275. 재해구호법
276. 환경보건법

해광출판사 대한민국 법령 시리즈

277. 자살예방 및 생명존중문화 조성을 위한 법률
278. 소방산업의 진흥에 관한 법률
279. 소방기본법
280. 비송사건절차법
281. 자연환경보전법
282. 변호사법
283. 기업구조조정투자회사법
284. 전기통신기본법
285. 에너지법
286. 해양생태계의 보전 및 관리에 관한 법률
287. 사회보장기본법
288. 통신비밀보호법
289. 공증인법
290. 물류시설의 개발 및 운영에 관한 법률
291. 청소년활동 진흥법
292. 형의 집행 및 수용자의 처우에 관한 법률
293. 도시공원 및 녹지 등에 관한 법률
294. 태권도 진흥 및 태권도공원 조성 등에 관한 법률
295. 녹색건축물 조성 지원법
296. 우편법
297. 예금자보호법
298. 건설산업기본법
299. 금융회사의 지배구조에 관한 법률
300. 장애인활동 지원에 관한 법률
301. 언론중재 및 피해구제 등에 관한 법률
302. 국가재정법
303. 농지법
304. 게임산업진흥에 관한 법률
305. 정신건강증진 및 정신질환자 복지서비스 지원에 관한 법률
306. 디자인보호법
307. 의료기사 등에 관한 법률
308. 스마트도시 조성 및 산업진흥 등에 관한 법률
309. 내수면어업법
310. 한국주택금융공사법
311. 의료기기법
312. 유통산업발전법
313. 전통시장 및 상점가 육성을 위한 특별법
314. 여신전문금융업법
315. 해외자원개발 사업법
316. 산업교육진흥 및 산학연협력촉진에 관한 법률
317. 빈집 및 소규모주택 정비에 관한 특례법
318. 기업도시개발 특별법
319. 전력기술관리법
320. 국토기본법
321. 지하수법
322. 식품위생법
323. 광업법
324. 호스피스·완화의료 및 임종과정에 있는 환자의 연명의료결정에 관한 법률
325. 주식·사채 등의 전자등록에 관한 법률
326. 표시·광고의 공정화에 관한 법률
327. 골재채취법
328. 국민건강증진법
329. 새마을금고법
330. 여객자동차 운수사업법
331. 마리나항만의 조성 및 관리 등에 관한 법률
332. 한부모가족지원법
333. 국가를 당사자로 하는 계약에 관한 법률
334. 지방자치단체를 당사자로 하는 계약에 관한 법률
335. 축산물 위생관리법
336. 병역법
337. 음악산업진흥에 관한 법률
338. 국가균형발전 특별법
339. 첨단재생의료 및 첨단바이오의약품 안전 및 지원에 관한 법률
340. 공간정보의 구축 및 관리 등에 관한 법률
341. 공유수면 관리 및 매립에 관한 법률
342. 농수산물 유통 및 가격안정에 관한 법률
343. 아시아문화중심도시 조성에 관한 특별법
344. 신탁법
345. 자연공원법
346. 생활화학제품 및 살생물제의 안전관리에 관한 법률
347. 군인사법
348. 국제조세조정에 관한 법률
349. 낙동강수계 물관리 및 주민지원 등에 관한 법률
350. 주민등록법
351. 집합건물의 소유 및 관리에 관한 법률
352. 집단에너지사업법
353. 산림조합법
354. 반도체집적회로의 배치설계에 관한 법률
355. 자본시장과 금융투자업에 관한 법률
356. 담보부사채신탁법
357. 근로자퇴직급여 보장법
358. 국제과학비즈니스벨트 조성 및 지원에 관한 특별법
359. 수도법
360. 식품 등의 표시 · 광고에 관한 법률
361. 약관의 규제에 관한 법률
362. 인삼산업법
363. 종자산업법
364. 항공사업법
365. 건설기계관리법
366. 군형법
367. 궤도운송법
368. 기술의 이전 및 사업화 촉진에 관한 법률
369. 농수산물의 원산지 표시 등에 관한 법률
370. 담배사업법
371. 석유 및 석유대체연료 사업법
372. 가축전염병 예방법
373. 농어촌정비법
374. 식물신품종 보호법
375. 항공보안법
376. 중소기업창업 지원법
377. 군사법원법
378. 우주개발 진흥법
379. 해저광물자원 개발법
380. 산림복지 진흥에 관한 법률
381. 지능형 로봇 개발 및 보급 촉진법
382. 헌법재판소법
383. 옥외광고물 등의 관리와 옥외광고산업 진흥에 관한 법률
384. 혈액관리법
385. 국제항해선박 등에 대한 해적행위 피해예방에 관한 법률
386. 유료도로법
387. 독립유공자예우에 관한 법률
388. 신에너지 및 재생에너지 개발 · 이용 · 보급 촉진법
389. 신용정보의 이용 및 보호에 관한 법률
390. 출판문화산업 진흥법
391. 공항시설법
392. 국민 평생 직업능력 개발법
393. 아동 · 청소년의 성보호에 관한 법률
394. 방송법쉬
395. 신용보증기금법
396. 화장품법
397. 청소년 기본법
398. 인터넷주소자원에 관한 법률
399. 양곡관리법
400. 도로명주소법
401. 전자문서 및 전자거래 기본법
402. 산업기술의 유출방지 및 보호에 관한 법률
403. 국가기술자격법
404. 양식산업발전법
405. 산업기술혁신 촉진법
406. 새만금사업 추진 및 지원에 관한 특별법
407. 전자정부법
408. 지역 개발 및 지원에 관한 법률
409. 한국농어촌공사 및 농지관리기금법
410. 계량에 관한 법률
411. 기업활동 규제완화에 관한 특별조치법
412. 군에서의 형의 집행 및 군수용자의 처우에 관한 법률

해광출판사 대한민국 법령 시리즈

413. 규제자유특구 및 지역특화발전특구에 관한 규제특례법
414. 금융위원회의 설치 등에 관한 법률
415. 남녀고용평등과 일 · 가정 양립 지원에 관한 법률
416. 농어업인 삶의 질 향상 및 농어촌지역 개발촉진에 관한 특별법
417. 댐건설 · 관리 및 주변지역지원 등에 관한 법률
418. 국가유산수리 등에 관한 법률
419. 법원조직법
420. 보훈보상대상자 지원에 관한 법률
421. 부패방지 및 국민권익위원회의 설치와 운영에 관한 법률
422. 과학기술분야 정부출연연구기관 등의 설립 · 운영 및 육성에 관한 법률
423. 연구개발특구의 육성에 관한 특별법
424. 친환경농어업 육성 및 유기식품 등의 관리 · 지원에 관한 법률
425. 연안관리법
426. 영화 및 비디오물의 진흥에 관한 법률
427. 신용협동조합법
428. 방송통신발전 기본법
429. 범죄피해자 보호법
430. 가축 및 축산물 이력관리에 관한 법률
431. 국가표준기본법
432. 국가통합교통체계효율화법
433. 범죄인 인도법
434. 국가과학기술 경쟁력 강화를 위한 이공계지원 특별법
435. 국제경기대회 지원법
436. 금융혁신지원 특별법
437. 수자원의 조사 · 계획 및 관리에 관한 법률
438. 축산자조금의 조성 및 운용에 관한 법률
439. 소방시설 설치 및 관리에 관한 법률
440. 양성평등기본법
441. 축산계열화사업에 관한 법률
442. 수입식품안전관리 특별법
443. 대외무역법
444. 국가연구개발사업 등의 성과평가 및 성과관리에 관한 법률
445. 무역보험법
446. 기술사법
447. 광산안전법
448. 농약관리법
449. 농업 · 농촌 및 식품산업 기본법
450. 문화산업진흥 기본법
451. 부담금관리 기본법
452. 야생생물 보호 및 관리에 관한 법률
453. 한국은행법
454. 별정우체국법
455. 원양산업발전법
456. 콘텐츠산업 진흥법
457. 한국수출입은행법
458. 외국인투자 촉진법
459. 물류정책기본법
460. 전자서명법
461. 산업발전법
462. 산업표준화법
463. 소프트웨어 진흥법
464. 토지이용규제 기본법
465. 해수욕장의 이용 및 관리에 관한 법률
466. 정보통신 진흥 및 융합 활성화 등에 관한 특별법
467. 정보통신산업 진흥법
468. 지진 · 화산재해대책법
469. 소금산업진흥법
470. 위치정보의 보호 및 이용 등에 관한 법률
471. 외국법자문사법
472. 이러닝(전자학습)산업 발전 및 이러닝 활용 촉진에 관한 법률
473. 암관리법
474. 실용신안법
475. 가족관계의 등록 등에 관한 법률
476. 무인도서의 보전 및 관리에 관한 법률
477. 감사원법
478. 정보보호산업의 진흥에 관한 법률
479. 결혼중개업의 관리에 관한 법률
480. 공익신고자 보호법
481. 박물관 및 미술관 진흥법
482. 낚시 관리 및 육성법
483. 동산 · 채권 등의 담보에 관한 법률
484. 임금채권보장법
485. 국민투표법
486. 농림수산업자 신용보증법
487. 국가채권 관리법
488. 중소기업은행법
489. 식품안전기본법
490. 외국환거래법
491. 발명진흥법
492. 건설기술 진흥법
493. 기후위기 대응을 위한 탄소중립 · 녹색성장 기본법
494. 인체조직안전 및 관리 등에 관한 법률
495. 엔지니어링산업 진흥법
496. 신문 등의 진흥에 관한 법률
497. 식물방역법
498. 석탄산업법
499. 산업융합 촉진법
500. 비료관리법
501. 임업 및 산촌 진흥촉진에 관한 법률
502. 복권 및 복권기금법
503. 대규모유통업에서의 거래 공정화에 관한 법률
504. 뉴스통신 진흥에 관한 법률
505. 지능정보화 기본법
506. 자격기본법
507. 중소기업 기술혁신 촉진법
508. 국가공간정보 기본법
509. 농어업재해대책법
510. 방송광고판매대행 등에 관한 법률
511. 지식재산 기본법
512. 초고층 및 지하연계 복합건축물 재난관리에 관한 특별법
513. 해양 조사와 해양정보 활용에 관한 법률
514. 공간정보산업 진흥법
515. 공공기관의 정보공개에 관한 법률
516. 행정기본법
517. 해상교통안전법
518. 농어업재해보험법
519. 문화유산의 보존 및 활용에 관한 법률
520. 자연유산의 보존 및 활용에 관한 법률
521. 국토의 계획 및 이용에 관한 법률
522. 건축법
523. 국민건강보험법
524. 계엄법
525. 환경친화적 선박의 개발 및 보급 촉진에 관한 법률
526. 해양폐기물 및 해양오염퇴적물 관리법
527. 연안사고 예방에 관한 법률
528. 전기안전관리법
529. 의약품 등의 안전에 관한 규칙
530. 공공보건의료에 관한 법률
531. 군보건의료에 관한 법률
532. 농어촌 등 보건의료를 위한 특별조치법
533. 보호소년 등의 처우에 관한 법률
534. 국가를 당사자로 하는 소송에 관한 법률
535. 간호법
536. 국립묘지의 설치 및 운영에 관한 법률
537. 주류 면허 등에 관한 법률
538. 부가가치세법

*** 해광출판사의 법령 시리즈는 계속 발행 됩니다.**
**** 각 도서의 개정판은 인쇄일을 기준으로 제작 되었습니다.**